Flannelboard St for Infants and Toddlers

BILINGUAL EDITION

ORIGINAL ENGLISH BY

Ann Carlson &
Mary Carlson, Illustrator

SPANISH TRANSLATION BY

Ana-Elba Pavon, Maria Kramer, & Isabel Delgadillo-Romo

for Bibliotecas para la Gente

D1534428

AMERICAN LIBRARY ASSOCIATION

Chicago   2005

Cover design by Mary Carlson

Printed on 50-pound white-offset paper, a pH-neutral stock, and bound in 10-pound C1S cover stock by McNaughton & Gunn.

The paper used in this publication meets the minimum requirements of American National Standard for Information Sciences—Permanence of Paper for Printed Library Materials, ANSI Z39.48-1992. ∞

Library of Congress Cataloging-in-Publication Data

Carlson, Ann D., 1952–
    Flannelboard stories for infants and toddlers / by Ann Carlson & Mary Carlson ; Spanish translation by Ana-Elba Pavon, Maria Kramer and Isabel Delgadillo-Romo.—Bilingual ed.
      p. cm.
    Includes index.
    ISBN 0-8389-0911-6
    1. Flannel boards. 2. Storytelling. 3. Children's stories, American. 4. Toddlers—Recreation. 5. Infants—Recreation. I. Carlson, Mary, 1951– II. Title.

LB1043.62.C37 2005
371.33'5—dc22   2005016436

Printed in the United States of America.

09 08 07 06 05   5 4 3 2 1

For Ateş and Jim

CONTENTS

CONTENIDO

PREFACE

PREFACIO

This book is a collection of easy-to-make, high quality flannelboard stories that are appropriate for infants and toddlers—children between 12 and 30 months of age. We have designed it to be used by librarians, early childhood teachers, and other adults who work with groups of these young children.

The book contains step-by-step instructions on (1) how to make a flannelboard, (2) how to make flannelboard pieces for the stories and verses, and (3) how to store flannelboard stories. The body of the book consists of uncomplicated full-size patterns for 33 stories and verses. The index offers object and theme subject headings for effective access to the stories and pattern pieces.

We see three reasons you will find this book worthwhile:

1. **Convenience and Cost-Effectiveness**
   Preparing flannelboard stories from picture books and magazines can be very expensive in terms of staff time, considering the effort of locating illustrations and converting them to flannelboard format.

2. **Developmental Appropriateness**
   It is very important to select flannelboard stories that are developmentally appropriate for the intended audience. However, the scarcity of resources for infants and toddlers means having to frequently make do with materials that are more suitable for older children. The flannelboard stories in this book were designed especially to appeal to the one- and two-year-old, and they have been used in storytimes with good results.

Este libro es una colección de cuentos de alto calibre para usar con el franelógrafo, los cuales son para infantes y pequeñines de 12 a 30 meses de edad. Lo hemos diseñado para el uso de bibliotecarios, maestros y otros adultos que trabajan con estos niños.

El libro contiene instrucciones de paso a paso en (1) como construir un franelógrafo, (2) como hacer las figuras para los cuentos y versos para el franelógrafo, y (3) como guardar los cuentos para el franelógrafo. La parte principal del libro consiste de patrones sencillos con 33 cuentos y versos. El índice ofrece objetos y temas para un mejor acceso a los cuentos y piezas de los patrones.

Vemos tres razones por las cuales te vas a dar cuenta de que este libro vale la pena:

1. **Conveniencia y precio**
   La preparación de los cuentos para el franelógrafo de libros ilustrados y revistas puede ser bién costoso en términos del tiempo de los empleados, el esfuerzo de localizar las ilustraciones y convertirlos al formato para el franelógrafo.

2. **Desarrollo apropiado**
   Es importante seleccionar cuentos para el franelógrafo que son adecuados para el desarollo de la audiencia deseada. Sin embargo, la escasez de recursos para infantes y pequeñines, significa que frecuentemente tenemos que usar materiales que son para niños mayores. Los cuentos para el franelógrafo en este libro han sido diseñados específicamente para atraer a niños de uno a dos años y han sido usados en las horas de cuentos con buenos resultados.

3. **No Copyright Violation**

We are all concerned about the issue of copyright violation. Unless a work is in the public domain, it is a violation of copyright law to adapt its illustrations or text for a flannelboard story and present it as your own. We grant individual librarians and teachers permission to duplicate the patterns in this book for non-commercial use with children. You do not need to be concerned with copyright violation.

We hope you will find the material in this book clear, practical, and aesthetically pleasing. Even more importantly, we hope that the children who attend your storytimes enjoy and benefit from the stories and illustrations we offer. We wish you successful storytimes with your infants and toddlers!

TRANSLATORS' NOTE: The Spanish translations of the chants, songs, and rhymes are not literal translations. The challenge was to maintain the meaning and poetic rhythm of the English versions that resulted in the rhyming Spanish versions.

3. **No se infringen los derechos de autor**

Todos nos preocupamos sobre los derechos de autor. A menos que la obra este en el ámbito del público, es contra la ley el adaptar las ilustraciones o texto para un tablero y presentarlos como propio. Damos permiso a los bibliotecarios y maestros a duplicar los patrones que se encuentran en este libro para su uso con niños y no comercial. No tienes que preocuparte de los derechos de autor.

Esperamos que encuentren el material en este libro claro, práctico y estéticamente agradable. Aún más importante, esperamos que los niños que se presentan a la hora de cuentos, se diviertan y saquen beneficios de los cuentos é ilustraciones que aquí ofrecemos. ¡Les deseamos horas de cuentos exitosas con sus infantes y pequeñines!

NOTA DE LOS TRADUCTORES: La traducción de las rimas y canciones al español no fue hecha literalmente. El desafío fué mantener el significado y el ritmo poético de la versión en inglés, las cuales resultaron en las versiones en español.

Introduction and Instructions to the User

Introducción é instrucciones al usuario

The widespread use of flannelboards in storytimes is a relatively recent development. Articles extolling the virtues of flannelboards began appearing in the education literature in the mid-1950s. An excellent example is Alpha Boggs and Ruth Schofield's "A Piece of Flannel and a Bit of Imagination" in the September 1956 issue of *National Elementary Principal*. The authors, who were consultants for the St. Louis, Missouri, Public Schools, point out that they did not come up with the idea: "Rather, they have seen so many fine and varied uses of this instructional aid during their supervisory visits, that they have tried only to gather the representative ones together and pass them along to others."[1]

Boggs and Schofield suggested that the flannelboard is valuable because: (1) it is portable; (2) it has a magic quality that appeals to children; (3) it permits manipulation, a decided attraction to children; (4) it re-emphasizes book presentation but in a slightly different form; and (5) it is inexpensive.[2] These reasons still hold today.

Storytelling with the Flannel Board by Paul S. Anderson, published in 1963, appears to have been the first commercial book with patterns for flannelboard stories. In it the author states that his training as a soldier in World War II introduced him to the flannelboard:

> As a part of the training program in the last war, flannelgraph was used to illustrate troop movements, traffic control problems and map reading in much the same manner as a sand table might be used. The flannel board has the advantage of being upright so that a class can watch it in the same way that they would use a blackboard.[3]

El uso extenso del franelógrafo durante las horas de cuentos es algo reciente. Artículos alabando las virtudes del franelógrafo comenzaron a aparecer en la literatura educativa en los 1950s. Un ejemplo excelente es el artículo de Alpha Boggs y Ruth Schofield "A Piece of Flannel and a Bit of Imagination" en la revista *National Elementary Principal* de septiembre de 1956. Los autores que fueron especialistas para las escuelas públicas de St. Louis, Missouri, indican que no fueron ellos los que salieron con esta idea. Mejor dicho, durante sus visitas supervisorias, ellos vieron los buenos y diversos usos de este instrumento y trataron de escoger una representación y pasárselas a otros.[1]

Boggs y Schofield sugirieron que el franelógrafo es valioso porque (1) es portátil; (2) tiene una cualidad mágica que atrae a los niños; (3) permite ser manipulado lo cual es una marcada atracción para los niños; (4) subraya la presentación del libro pero en una forma ligeramente diferente; y (5) es barato.[2] Estas razones siguen siendo válidas hoy día.

Storytelling with the Flannel Board por Paul S. Anderson, publicado en 1963, parece ser el primer libro con patrones para el franelógrafo para uso comercial. En dicho libro, el autor dice que su entrenamiento como soldado en la Segunda Guerra Mundial, lo introdujo al franelógrafo.

> Como parte del entrenamiento en la última guerra, el franelógrafo se usaba en la misma manera que una mesa para ilustrar los movimientos de las tropas, problemas con el tráfico y la lectura de mapas. El franelógrafo tiene la ventaja de que se puede poner verticalmente y asi la clase puede verlo en la misma forma que la pizarra.[3]

1

It seems plausible that teachers who served in the war incorporated the flannelboard into their teaching techniques after the war and that other teachers and librarians then adopted the technique for storytimes.

No matter what its genesis, the flannelboard has been and still is a vital part of many library and classroom storytimes. Today, with an increasing number of libraries and child care facilities in day care centers, hospitals, and schools offering storytimes for infants and toddlers, flannelboard stories should be even more widely used.

The flannelboard story has characteristics particularly suited to an audience of infants and toddlers: It displays images larger and less cluttered than those in most picture books; it renders visual clues to the next verse in a song or refrain in a poem; it exposes children to the sequencing conventions of the written page; and it provides variety by offering an alternative format.

The flannelboard story has clear benefits for the librarian or educator working with an audience of infants and toddlers as well: It encourages participation of parents and caregivers; it adds variety to storytimes; and, it offers adaptability in terms of image selection, image production, and style of presentation as described below.

The Use of Text

You will notice that the patterns in this book include the written name of the pictured object, the text from the poem or nursery rhyme, or the title of the story. We have designed the patterns so that you can trace or copy the text onto the pieces. (The occasional instruction on patterns in small print is not intended to be traced or copied onto the piece.) The text may help children understand that the black squiggles on the piece stand for words that the adults are saying. The text can also act as a prompt to the adults in the audience so that they all call out the same words. It has been our experience that when a group of parents or caregivers of infants and toddlers see the illustration of a cat, for example, some will say "cat" and others "kitty."

Adaptability of Flannelboard Stories

When it comes to storytimes for infants and toddlers, adaptability is paramount. Depending on your audience, you can adapt the stories and patterns in this book in three different ways:

Es lógico que los maestros que sirvieron en la guerra incorporaran el franelógrafo en sus instrucciones y que otros maestros y bibliotecarios adoptaran esta técnica para su hora de cuentos.

No importa su origen, el franelógrafo ha sido y todavía es una parte esencial en las horas de cuentos de muchas bibliotecas y aulas. Hoy en día con el creciente número de bibliotecas, guarderías, hospitales y escuelas que ofrecen horas de cuentos para infantes y pequeñines, los cuentos con el franelógrafo deberían de ser aún más usados.

El cuento del franelógrafo tiene características particularmente adecuadas para infantes y pequeñines. Muestra imágenes más grandes y claras que las de los libros; da pistas visuales al siguiente verso de una canción o poema; expone a los niños a las sequencias de las páginas y provee variedad ya que ofrece un formato diferente.

El cuento del franelógrafo tiene beneficios para los bibliotecarios y maestros que trabajan con infantes y pequeñines. Fomenta la participación de los padres de familia y las niñeras; da variedad a la hora de cuentos, y ofrece adaptabilidad en términos de la selección y la producción de las imágenes y estilo de presentación descrito enseguida.

El uso del texto

Notarás que los patrones en este libro incluyen el nombre del objeto, el texto del poema o canción o el título del cuento. Hemos diseñado los patrones con el texto en las piezas para que los puedas calcar o copiar. (Las instrucciones en letra pequeña que aparecen de vez en cuando en los patrones no son para ser copiadas o recalcadas). El texto le puede ayudar a los niños a entender que los garabatos negros en las piezas significan palabras, las cuales los adultos las están diciendo. El texto también puede servir como motivador para los adultos en la audiencia para que ellos digan las mismas palabras. Ha sido nuestra experiencia de que cuando un grupo de padres o niñeras ven las ilustraciones, por ejemplo, de un gato, algunos dicen "gato" y otros dicen "gatito."

Adaptabilidad de los cuentos del franelógrafo

Durante las horas de cuentos para infantes y pequeñines, adaptabilidad es esencial. Dependiendo en la clase de audiencia, puedes adaptar los cuentos y patrones en este libro en tres diferentes formas:

1. **Selection of patterns**

   As you look through the stories, consider the age range of your audience. If it is primarily made up of 12- to 18-month-olds, choose one of the simpler stories that centers around object identification, such as "Animals," and present the images of just a few more common animals. Since young children benefit from repetition, you can present additional animals in subsequent storytimes and as the children mature. This way you will repeat some animals while introducing new ones.

2. **Production of pattern pieces**

   You can produce pieces suitable for different stories or presentations by varying the colors of objects, the skin tones of people, and the sizes of images.

3. **Placement of pieces on the board**

   Pieces can be presented on the flannelboard in several different ways. Some librarians and teachers enjoy placing and keeping all the pieces on the board as they tell the story. Others prefer to place each piece on the board as it is used and then remove it before going on. In large part, you will do what feels best for you. However, when dealing with infants and young toddlers, we use the "slow solo piece" method: Sitting to one side of the board, we place one piece on the center of the board, read the text, and talk about the object as appropriate; we then remove the piece before placing the succeeding piece on the board. This style allows the young children time to focus their attention on one piece.

In subsequent storytimes and as the children grow, you may want to consider accumulating the pieces on the flannelboard while you tell the story. Start by placing the first piece in the upper left-hand corner of the board. Then, as shown in the illustration, place pieces in rows across the board, proceeding from left to right and top to bottom, thereby introducing the children to the conventions of reading a page.

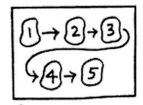

Piece sequence

1. **Selección de patrones**

   Mientras miras los cuentos piensa en las edades de tu audiencia. Si consiste de niños de 12 a 18 meses, escoge uno de los cuentos más sencillos, uno que enfoque la identificación de objetos tal así como "animales" y enseña las imágenes de algunos de los animales más comunes. Ya que los niños pequeños sacan provecho de la repetición, puedes enseñarles más animales durante otras horas de cuentos o cuando los niños vayan creciendo. De esta forma repetirás algunos de los animales mientras introduces otros nuevos.

2. **Construcción de los patrones**

   Puedes construir las piezas adecuadas para los cuentos o presentaciones con solo variando los colores del objeto, el color de la piel de la gente y el tamaño de las imágenes.

3. **La posición del patron en la pizarra**

   Las piezas del franelógrafo pueden ser presentadas en varias formas. Algunos bibliotecarios y maestros prefieren poner todas las piezas en la pizarra y dejarlos ahí mientras cuentan el cuento. Otros prefieren colocar cada pieza en la pizarra en el momento en que la estan usando y despues la quitan. Mejor dicho, haz lo que sea mejor para tí. Ahora bien, cuando estamos tratando con infantes y pequeñines, usamos el método "la pieza sola y despacito." Sentados o parados a un lado de la pizarra colocamos una pieza en el centro, leemos el texto y hablamos acerca del objeto; quitamos la pieza antes de poner otra en la pizarra. Esta forma le da tiempo al niño para que concentre su atención en una sola pieza.

En horas de cuentos posteriores y ya que los niños crezcan, querrás acumular las piezas del franelógrafo mientras cuentas el cuento. Comienza colocando la primera pieza en la parte de arriba del lado izquierdo de la pizarra. Y después, como se ve en el ejemplo, pon las piezas en línea atravésde la pizarra, de izquierda a derecha y de arriba para abajo; de esta forma presentándole a los niños las convenciones de la página de lectura.

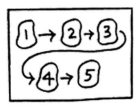

Sequencia de las piezas

How to Make a Flannelboard and Pieces

Making a Flannelboard

You can purchase a flannelboard from various commercial supply companies that cater to libraries, schools, and businesses. You can also make one yourself by following the instructions in this section.

1. Cut a 2-by-3-foot rectangle out of thin plywood or rugged corrugated board. Appliance containers, such as those used for refrigerators and washing machines, are excellent since the corrugated board is much thicker than that found in the typical corrugated box.

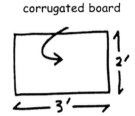

Plywood or heavy corrugated board

2. Cut a piece of solid color flannel, felt, or acrylic fleece 6 to 8 inches wider and longer than the board. We suggest a dark color for your first board.

3. Tightly stretch the fabric over the board and fasten it to the back of the board with duct tape, staples, tacks, or glue. If you choose to use glue, make sure not to glue the flannel to the front of the board since it will keep the pattern pieces from sticking to the flannel.

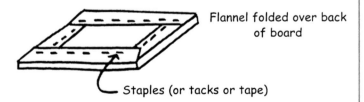

Flannel folded over back of board

Staples (or tacks or tape)

Depending on the stories you tell and how you tell them, you may need flannelboards of various sizes. Some stories offered here are best told one piece at a time, while others are better told by accumulating the pieces on the board as the story progresses. Consider having on hand a few boards of various sizes and colors.

Como hacer un franelógrafo y las figuras

Construyendo el franelógrafo

Puede comprar un franelógrafo en tiendas que se especializan en bibliotecas, escuelas, y negocios. También puede construir uno con solo seguir las instrucciones en esta sección.

1. Cortar un rectángulo de 2 pies por 3 pies de "plywood" o cartón corrugado. Las cajas donde vienen los aparatos tales como refrigeradores y máquinas de lavar son perfectas, ya que el cartón es fuerte y más grueso que las cajas corrientes.

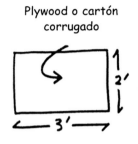

Plywood o cartón corrugado

2. Cortar un pedazo de franela, fieltro o lana acrílica de un solo color de unas 6 a 8 pulgadas más larga y más ancha que la pizarra. Para tu primera pizarra sugerimos un color obscuro.

3. Estira la tela fuertemente sobre la pizarra y sujétala por detras con grapas, pega, tachuelas, o cinta pegajosa. Si optas por usar pegamento, asegúrate de no pegar la franela al frente de la pizarrra, ya que esto impedirá que las figuras se peguen a la franela.

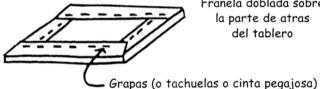

Franela doblada sobre la parte de atras del tablero

Grapas (o tachuelas o cinta pegajosa)

Dependiendo de las clases de cuentos que cuentes y de como los cuentes, vas a necesitar pizarras de varios tamaños. Algunos de los cuentos que ofrecemos aquí son mejor dichos pieza por pieza; mientras que otros son mejor dichos acumulando las piezas mientras el cuento va progresando. Piensa en tener unas cuantas pizarras de diferentes tamaños y colores.

En ocasiones, cuando notes que las piezas de franela no se adhieren, trata de cepillarlas con un cepillo removedor de pelusa . Si eso no funciona quita las piezas y lávalas o reemplázalas con otra pieza. Si lavas las piezas, no uses suavizador de telas en la lavadora o secadora ya que se necesita la estática para que se adhieran al franelógrafo.

In time, if you find that your flannelboard pieces will no longer stick to the board, try brushing the flannel with a lint-removing brush. If that does not work, take the fabric off and wash it or replace it with a fresh piece. If you wash the flannel, do not use fabric softener in the washer or dryer since static cling is actually desirable.

A flannelboard should be propped on an easel. Easels are available through commercial supply companies for libraries, schools, and businesses, as well as at many office supply stores. A sturdy metal one with telescoping legs is a wise investment. Telescoping legs allow you to slide the legs to a height that is right for your group, especially if adults are sitting on the floor with their young children.

Flannelboard on easel

If you need a more portable flannelboard, you can create a folding one out of an artist's large portfolio carrier. Portfolios may be obtained through arts and crafts catalogs and art supply stores. Choose a sturdy one that will hold its shape.

Cover the portfolio with fabric so that the inside surface of one or both flaps constitutes a flannelboard. To use the portfolio, open it and bend it back over its spine to expose the inner surfaces. A portfolio that has fabric ties on the sides, as many do, will provide you with a ready means to tie the flaps together to keep it from collapsing. Otherwise, you will need to fashion your own ties.

Covering the flap(s) of the portfolio with fabric presents a bit more of a challenge than a plain board. You may have to cut the fabric in a more complex shape and experiment with different fasteners. Keep in mind that you can cover both flaps, which will give you two flannelboards, each one possibly a different color.

Un franelógrafo debería ser puesto en un caballete. Los caballetes se pueden obtener en tiendas comerciales donde venden papelería para bibliotecas, escuelas y negocios, también como en tiendas donde venden materiales de oficinas.

El obtener un caballete de metal con pies de telescopio sería una buena inversión. Los caballetes con pies de telescopio te permiten subirlo y bajarlo tan alto como sea adecuado para tu grupo, especialmente si hay adultos sentados en el suelo con sus niños.

Si necesitas un franelógrafo portátil, tu puedes crear uno que se doble, usando un portafolio de pintores. Los portafolios se pueden obtener de catálogos de tiendas que venden artículos de artes y manualidades. Escoge uno fuerte que aguante el manejo.

Franelógrafo en caballete

Cubre el portafolio con forro de tela así la parte de adentro de uno de los lados sirve como franelógrafo. Para usar el portafolio, ábrelo y dóblalo hacia atras para exponer la parte de adentro. Un portafolio que tiene amarraduras de tela por los lados, como la mayoría, es fácil ya que esta listo para amarrar ambos lados y prevenir que se caiga. De otra manera, vas a necesitar agregarle amarraduras.

Cubriendo los lados del portafolio con tela es más difícil que cobrir una tabla común. Tu puedes cortar la tela en una forma más compleja y experimentar con aseguradores diferentes. Asegúrate que puedas cubrir ambos lados, el cual te dará dos franelógrafos, estos pueden ser de diferentes colores.

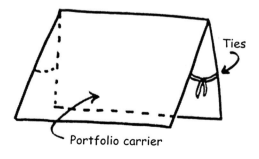

Ties

Portfolio carrier

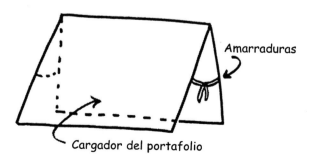

Amarraduras

Cargador del portafolio

Making Pieces for the Flannelboard Stories

We provide instructions for two methods of making pattern pieces: the tracing method and the copying machine method. Both have benefits and drawbacks.

The Tracing Method

1. Buy a yard or so of white medium-to-heavy-weight Pellon Sew-In Interfacing at a fabric shop. Be sure to purchase the nonfusible type; do *not* buy the iron-on type.

2. Cut rectangles out of the interfacing (around 8½" by 11" except for the patterns in "Getting Dressed" and "Where Is Your Bellybutton?"), one for each pattern page, including the story's title page.

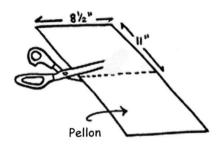

Pellon

3. Place the interfacing rectangle over the pattern in the book and trace the outline of the pattern in pencil on the fabric.

Pencil

The Sipping Cup

Pellon rectangle

4. Remove the outlined piece from the book and place it on a flat working surface. Go over the pencil tracing with a black felt-tip marker. We have designed these patterns with a fine-point permanent marker in mind. It is best to buy a good quality permanent black marker to use exclusively for making your flannelboard pieces. If you use a washable marker, moisture from your hands may cause the ink to bleed. In addition, you will have the option of

Haciendo las piezas de franela para los cuentos

Proporcionamos instrucciones de dos métodos para hacer las piezas; el método de calca y el método de copiadora. Ambos tienen sus beneficios y sus retos.

Método de calca

1. Compra en una tienda de telas una yarda (92 centímetros) de tela pellón media gruesa para coserla. Asegúrate de comprar pellón no-adherible.

2. Corta rectángulos de pellón (más o menos 8½" por 11" excepto los patrones en la sección "Vistiéndose" y "¿Dónde está tu ombligo?"), uno para cada página de patrones, incluyendo la página del título.

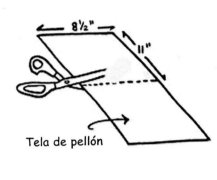

Tela de pellón

3. Pon el rectángulo de pellón sobre el patron en el libro y calca las líneas del patron con lápiz sobre la tela.

Lápiz

La taza de sorber

Rectángolo de tela de pellón

4. Quita del libro la pieza calcada y colócala en un espacio de trabajo plano. Con un plumón negro, repinta las líneas en lápiz. Hemos diseñado estos patrones teniendo en mente un marcador permanente de punta fina. Se recomienda comprar un marcador permanente de buena calidad para usarlo exclusivamente con tus piezas del franelógrafo. Si usas marcador lavable, la humedad de tus manos puede causar que la tinta se corra. Además, tendrás la opción de lavar y planchar las piezas cuando se ensucien si usas marcadores permanentes.

washing and ironing the pieces when they become dirty if you use permanent markers.

I shake it,

Permanent marker

5. Let the ink from the black marker dry thoroughly before you color the piece. It is best to use light colors for large areas within the outlines. Darker colors are difficult to apply uniformly to large areas, and pen strokes tend to remain visible. Once again, use good quality permanent markers. Sanford Sharpie fine-point markers are available in 7 basic colors in addition to black. Prismacolor Double Nib markers are available in 144 colors, but at roughly twice the cost of the others.

When you color a character or an object that runs through a story, take care to use the same color throughout. For example, color the sipping cup the same yellow throughout the "Sipping Cup."

6. You may leave the rectangle piece as is or trim around the edge of the pattern to create a border, producing round-edged irregular shapes. However, do not cut right on the outline of the figure itself; otherwise, the edges of the pattern will look indistinct when placed on a flannelboard. Leave white space around the edges to create what we call a "puddle page."

Cut

Jack-in-the-box

Puddle cutting

There are advantages to the tracing method: The pieces will easily adhere to the flannelboard without having another material glued to their backs; they can be laundered if you have used permanent markers; and they are a bit easier to store. The obvious disadvantage is that it takes time to trace, outline, and color the pieces, which some people find tedious. Some do enjoy it, however, and feel a sense of pride in creating the pieces for the story.

La agito,

Marcador permanente

5. Deja que la tinta del marcador negro se seque bien antes de colorear las piezas. Es mejor usar colores bajos para areas grandes. Los colores obscuros son difíciles de pintarlos uniformemente en areas grandes, y los tallones se notan. Una vez más, usa marcadores de buena calidad. Los marcadores de punta fina, Sanford Sharpie vienen en 7 colores básicos ademas de negro. Los marcadores Prisma-color Double Nib vienen en 144 colores, pero cuestan el doble que los otros.

Cuando colorees un personaje u objeto que es parte del cuento, asegúrate de usar el mismo color durante todo el cuento. Por ejemplo, colorea de amarillo toda la taza de sorber.

6. Puedes dejar las piezas como estan o cortarles las orillas del patron para crear un bordo, produciendo figuras irregulares. Sin embargo, no las cortes exacta-mente en la línea de la figura, de otra manera, las orillas del patron se veran distintas cuando las pongas en el franelógrafo. Deja espacios blancos alrededor de las orillas para crear lo que le llamamos "puddle page."

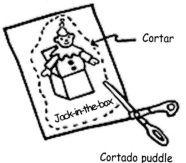

Cortar

Jack-in-the-box

Cortado puddle

Hay algunas ventajas usando el método de calca: Las piezas se adheriran al franelógrafo sin tener otro material de pegamento; se pueden lavar si has usado marcador permanente y son fáciles de guardar. La desventaja obvia es que se lleva tiempo para calcar, trazar y colorear las piezas, lo cual algunos la encuentran tediosa. Sin em-bargo a algunos les encanta y se sienten orgullosos de crear las piezas del cuento.

The Copy Machine Method

1. Copy the patterns onto card-stock paper, using a copy machine. Any smooth white or light pastel paper that readily accepts color will work fine as long as you use the same color card stock throughout each story.

2. Color the pieces. You can use ink markers, watercolors, tempera paints, and crayons to color the pieces. Depending upon the quality of your copy machine, you may want to go over the outlines with a black marker. Darker outlines tend to add depth to the appearance of a piece.

3. For longer lasting pieces, laminate them or cover them with clear contact paper.

   Clear contact paper or laminate

   The Sipping Cup

4. If you laminate the pieces, trim the plastic to the edge of the paper. You may want to trim the pieces further as described earlier under the tracing method.

   The Sipping Cup

   Trimming the plastic

5. Glue felt or sandpaper or stick adhesive-backed Velcro tape to the back of each piece. You don't need to cover the entire back, but do cut the material to the general shape of the piece.

Cardstock with copied image

Glue

Back of sandpaper, felt, or Velcro

The primary advantage of this method is that it is faster than the tracing method, especially if the card stock and other materials are readily available. You can also enlarge or reduce the size of the image if the copy machine has that function. The obvious disadvantage is that you need to have access to a copy machine, heavy card-stock paper, and a laminator if contact paper is not used. Clear contact paper can be difficult to handle, and gluing the felt or sandpaper to the backs of the pieces can be messy.

Usando el método de copiadora

1. Copia los patrones en papel grueso, usando la máquina copiadora. Cualquier papel blanco o de colores pasteles que puedan copiar, también asegúrate usar el mismo papel de color para todo el cuento.

2. Colorea las piezas. Puedes usar marcadores de tinta, acuarela, pintura tempera y crayones para colorear las piezas. Dependiendo de la calidad de tu copiadora, quizás quieras repintar las líneas con marcador negro. Las líneas repintadas en color obscuro tienden a darle una mejor apariencia a la pieza.

3. Para piezas grandes, lamínalas o cúbrelas con plástico.

   Papel contacto o laminado

   La taza de sorber

4. Si enlaminas las piezas, córtales el plástico de la orilla del papel. Si prefieres puedes cortar las piezas al margen como antes descrito bajo el método de calca.

   La taza de sorber

   Recortando el plastico

5. Pega fieltro o papel de lijar o tira de Velcro con pegamento adhesivo en la parte de atrás de cada pieza. No necesitas cubrir toda la parte de atrás, pero sí, corta el material en general a la medida de la pieza.

Tarjeta con las imagenes copiadas

Pegamento

La parte de atras del papel de lija, fieltro, o Velcro

La ventaja de este método es que es más rápido que el método de calca, especialmente si el papel grueso y otros materiales estan a la mano. Tu también puedes agrandar o reducir el tamaño de la imágen si tienes ese detalle en tu copiadora. La desventaja obvia es que tienes que tener acceso a una copiadora, papel grueso y una laminadora o papel contacto. El papel contacto puede ser difícil de manejar, y pegar el fieltro o el papel de lijar en la parte de atras de las piezas puede ser un embrollo.

Storage of Flannelboard Stories

Storage methods for the story pieces are important. We offer the following suggestions.

* Keep each story in its own file folder. Store the pieces in a manila envelope large enough to accommodate them without bending.
* Separate the pieces with sheets of blank white paper. Some markers, especially black permanent ones, tend to bleed over time, and sandpaper can damage the finish on adjacent pieces.
* Take care that the corners of pieces are not bent and that they are packed flat. Creased pieces are distracting and hard to manipulate.
* Label the story file folder and the envelopes with the name of the story and, if appropriate, the names of individual pattern pieces. For example, on the "Let's Play" story file folder, list the names of the objects, such as blocks, keys, jack-in-the-box, and so on. You will then be able to locate a particular illustration if needed for another use. For example, you could use the jack-in-the-box piece from "Let's Play" for doing "Jack-in-the-box, he sits so still. Will he come out? Yes he will!"
* Arrange the story file folders so that you can locate them easily. We store stories with pieces larger than 8½" by 11" flat on a shelf with pieces of tagboard between them. For stories that will fit in 8½"-by-11" envelopes we use hanging files.

Hanging files

NOTES

1. Alpha Boggs and Ruth Schofield, "A Piece of Flannel and a Bit of Imagination," *National Elementary Principal* 35 (Sept. 1956): 237.
2. Ibid., 241.
3. Paul S. Anderson, *Storytelling with the Flannel Board* (Minneapolis: Denison, 1963), 7.

Guardando los cuentos del franelógrafo

Los métodos para guardar las piezas de los cuentos son muy importante. Ofrecemos las siguientes sugerencias.

* Guarda cada cuento en su propia carpeta de archivar. Guarda las piezas en sobre de papel manila lo suficiente grande para acomodar las piezas sin doblarlas.
* Separa las piezas con hojas de papel blanco. Algunos marcadores, especialmente los negros de tinta permanente tienden a escurrirse por el transcurso del tiempo, y papel de lija puede dañar el terminado de las piezas adjuntas.
* Cuida de que las esquinas de las piezas no se doblen y que esten aplanadas cuando se guarden. Piezas dobladas o arrugadas, distraen y son difíciles de manipular.
* Ponles una etiqueta a la carpeta de archivar y a los sobres con el nombre del cuento y, si es apropiado, los nombres de las piezas de los patrones individuales. Por ejemplo, en la carpeta del cuento "juguemos", indica los nombres de los objetos, como cubos, llaves, la caja sorpresa, y así sucesivamente. Entonces podrás localizar una ilustración particular si se necesita para otro uso. Por ejemplo, puedes usar la pieza de la caja sorpresa de "jugemos" para hacer "La caja sorpresa ¿se abrirá? ¿saltara? ¡sí, saltara!"
* Arregla las carpetas de archivo con los cuentos de manera que los puedas localizar fácilmente. Guardamos los cuentos de piezas más grandes que 8½" por 11" en un estante plano poniéndoles entre ellos unas piezas de etiqueta de cartón. Para cuentos que caben en sobres de 8½" por 11" usamos archivos colgantes.

Archivos colgantes

ANOTACIONES

1. Alpha Boggs and Ruth Schofield, "A Piece of Flannel and a Bit of Imagination," *National Elementary Principal* 35 (Sept. 1956): 237.
2. Ibid., 241.
3. Paul S. Anderson, *Storytelling with the Flannel Board* (Minneapolis: Denison, 1963), 7.

Flannelboard Patterns

—— Stories

Patrones para el franelógrafo

—— Cuentos

Can You Do This?

¿Puedes hacer esto?

Clap your
hands.

Aplaude.

Stomp your feet.

Patea.

Sway your body to the beat. | Múevete.

Open your
fingers.

Abre las manos.

Point to your nose.

Señala tu nariz.

Put your arms in the air.

Levanta tus brazos.

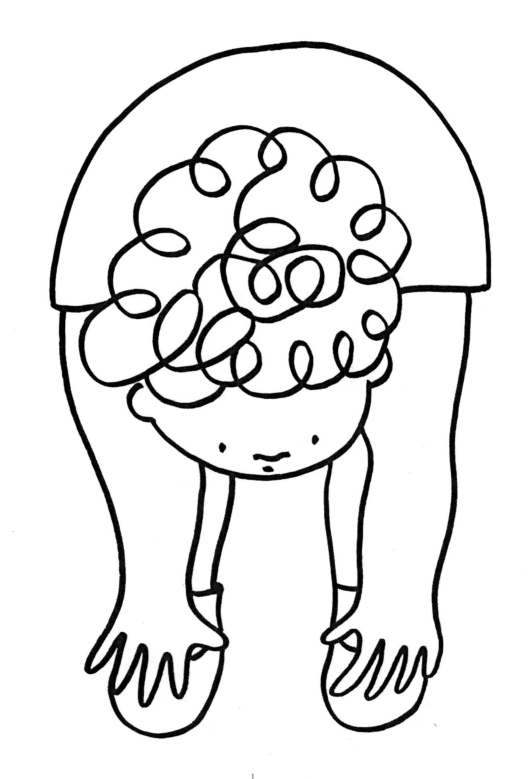

Now touch your toes. | Tócate los dedos de los pies.

Pretend to Be

Can you guess what the child is pretending to be?

Can you pretend to be it?

Vamos a pretender que

¿Puedes adivinar que quiere ser el niño?

¿Lo puedes hacer tú?

a bird   un pájaro

an airplane | un avión

a tree

un árbol

an elephant | un elefante

Look at Me

Mírame

Yip, yow, yee,
Yip, yow, yee,

A, B, C,
A, B, C,

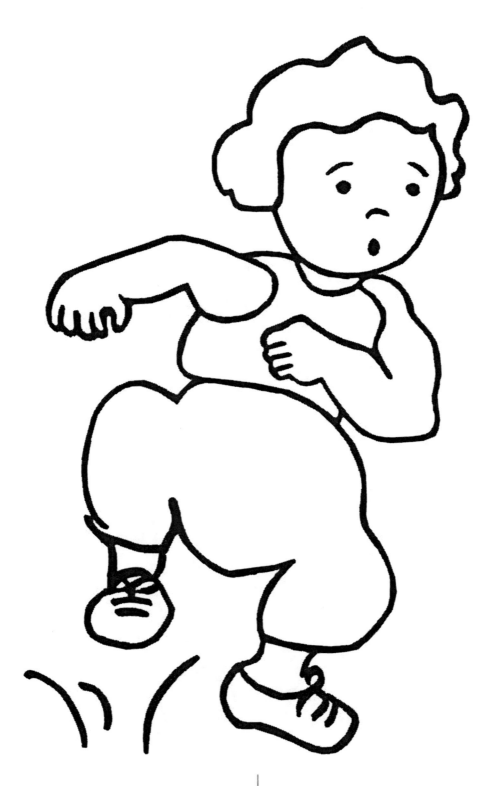

Stomp, stomp, stomp, | patea, patea, patea,

And look at me! | iy mírame!

Animals | Animales

You may want to talk about animal sounds; you may want to color the animals and talk about their colors. For example, when presenting the duck you may want to say, "Here's the duck. It is a white duck. The duck says 'quack, quack.' Can you make a sound like a duck?" Other questions about how the animal moves, what it eats, where it sleeps, and so forth are fun to ask older toddlers.

Puedes hablar del sonido que hacen los animales; puedes colorear los animales y hablar de sus colores. Por ejemplo, cuando presentas al pato puedes decir, "Aquí está el pato. Es un pato blanco. El pato dice 'cua cua.' ¿Puedes hacer el sonido del pato?" Otras preguntas divertidas para hacerle a los niños serian como se mueven los animales, que comen, donde duermen y así por el estilo.

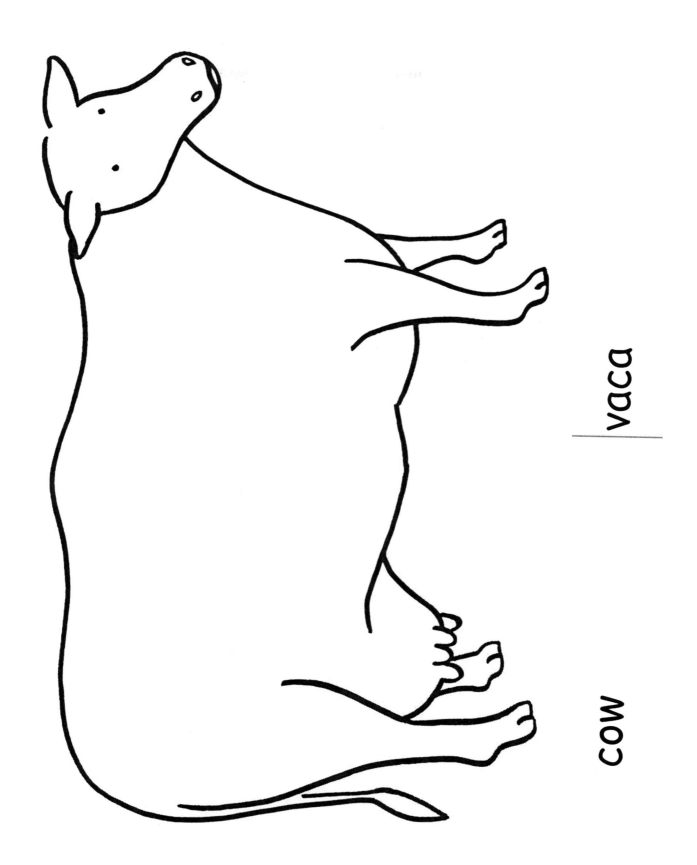

vaca

cow

pato

duck

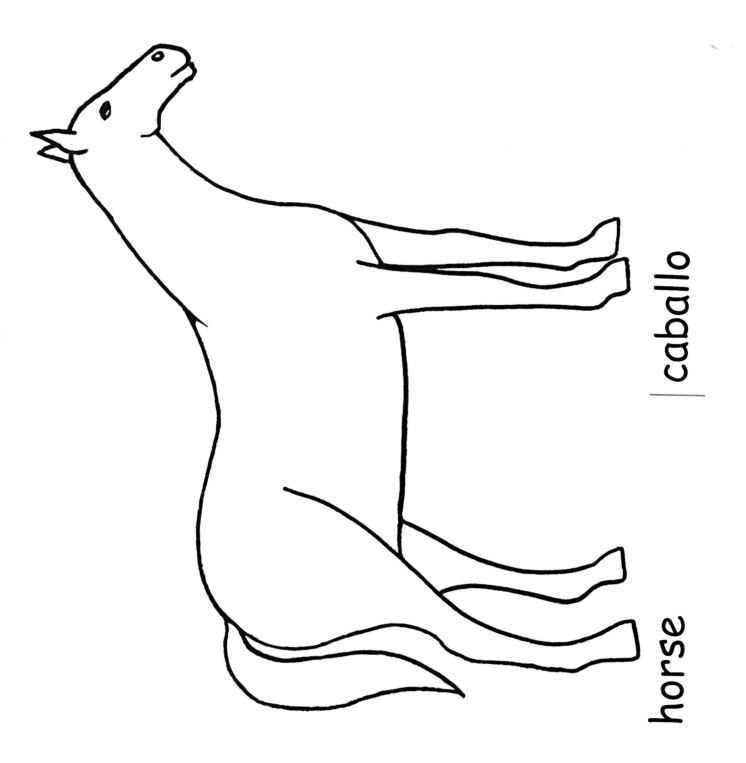

caballo

horse

33

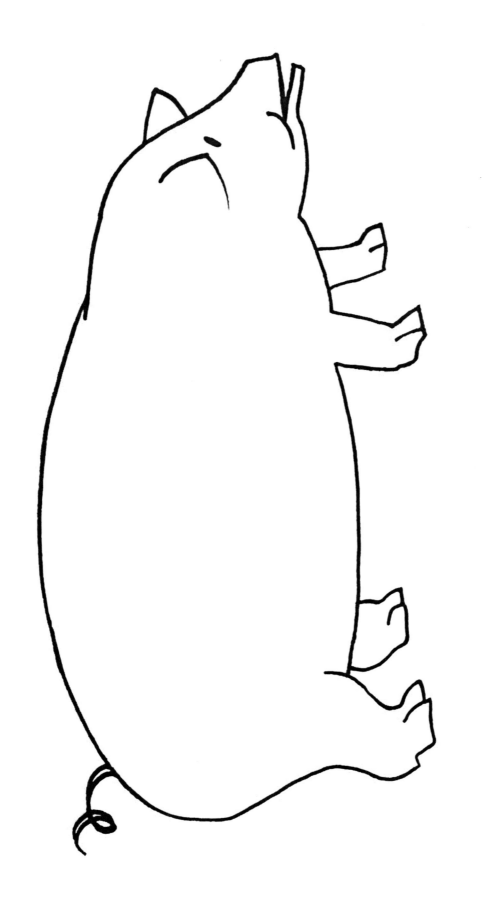

cerdo

pig

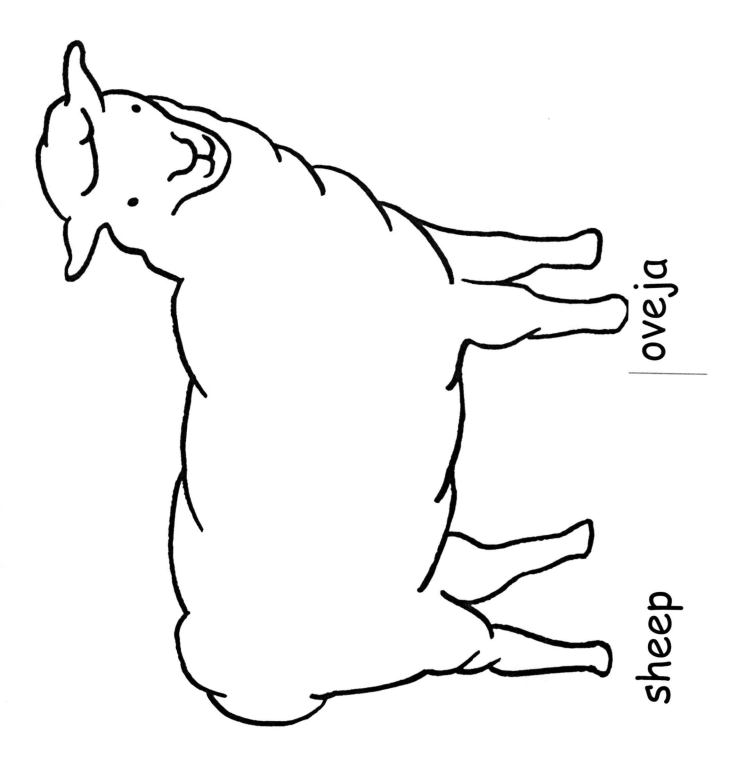

oveja

sheep

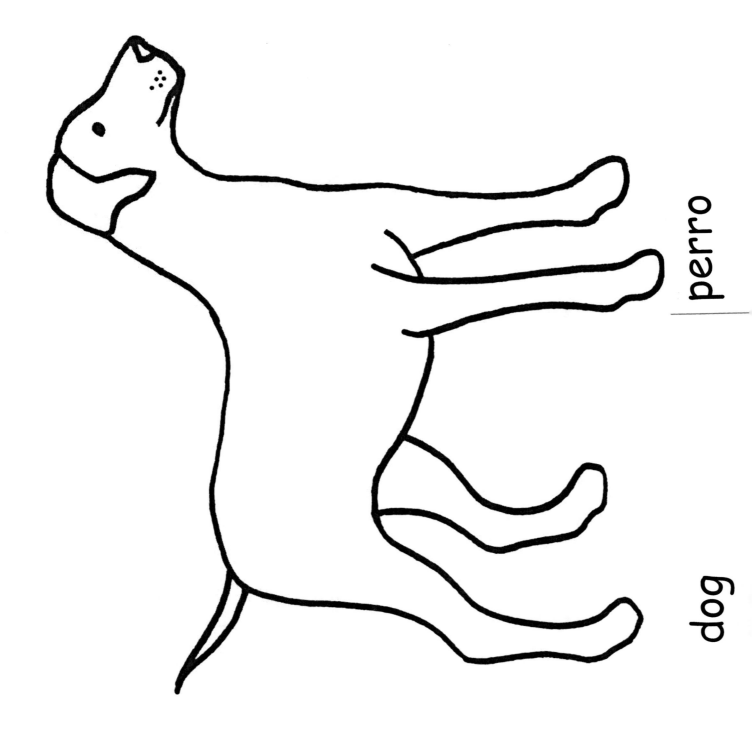

perro

dog

36

bird | pájaro

cat | gato

turkey | pavo

rooster | gallo

All together now!

¡Ahora todos juntos!

What Is This Baby Doing?

¿Qué está haciendo este bebé?

This baby is
falling down.

Este bebé se
está cayendo.

. . . drinking
from a bottle

. . . tomando del
biberón

. . . beating
a drum

. . . tocando
el tambor

45

. . . drawing
a picture

. . . dibujando

. . . rolling
a ball

. . . rodando
la pelota

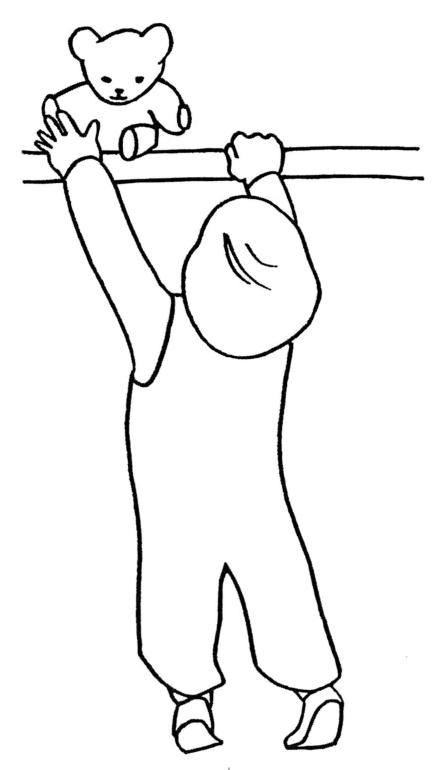

. . . reaching for a teddy bear | . . . alcanzando su oso de peluche

. . . taking a bath | . . . dándose un baño

. . . crawling on the floor

. . . gateando por el suelo

. . . hugging a friend | . . . abrazando a un amigo

. . . waving bye-bye

. . . diciendo adios

Getting Dressed

Vistiéndose

This activity requires you to construct a large figure by combining the patterns on the following two pages. Unlike other pattern pieces, the figure and its clothing should be cut out close to the outlines so that the clothing makes contact with the flannelboard and sticks to it.

Esta actividad requiere de que hagas una figura grande juntando los patrones de las siguientes dos páginas. A diferencia de las otras partes, la figura y su ropa debería ser cortada exactamente en la línea así la ropa se adhiere al franelógrafo.

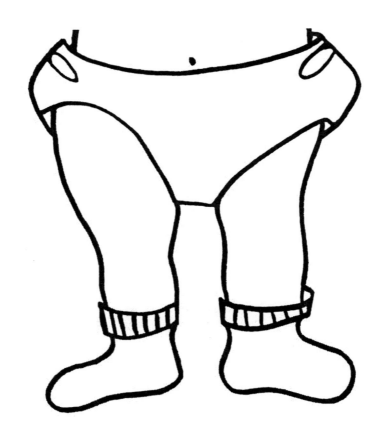

What Is This Baby Feeling?

Look at the faces and see if you can tell.

What makes you feel the same way as the baby?

¿Que está sientiendo este bebé?

Mira las caritas y dime.

¿Qué es lo que te hace sentir igual?

happy | feliz

sad | triste

surprised | sorprendido

61

My Favorite Foods

Mis comidas preferidas

banana | plátano

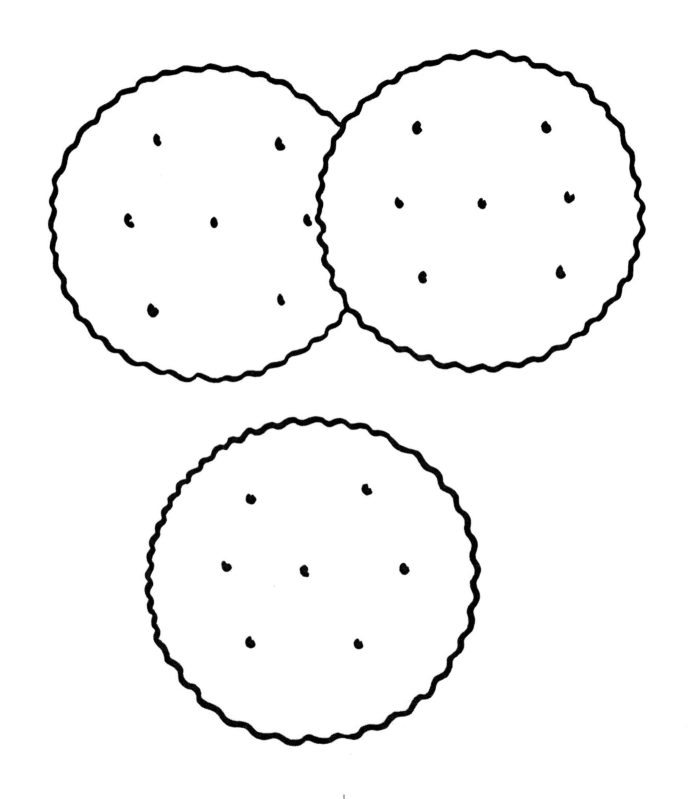

crackers | galletas saladas

ice cream cone | helado

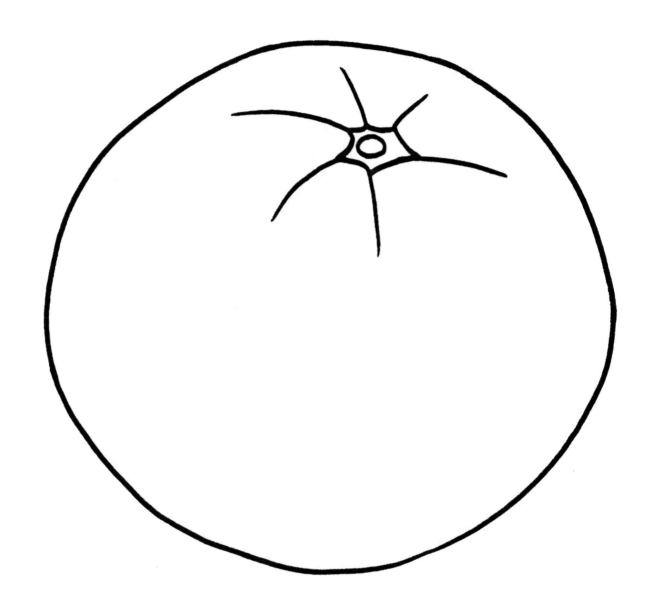

orange | naranja

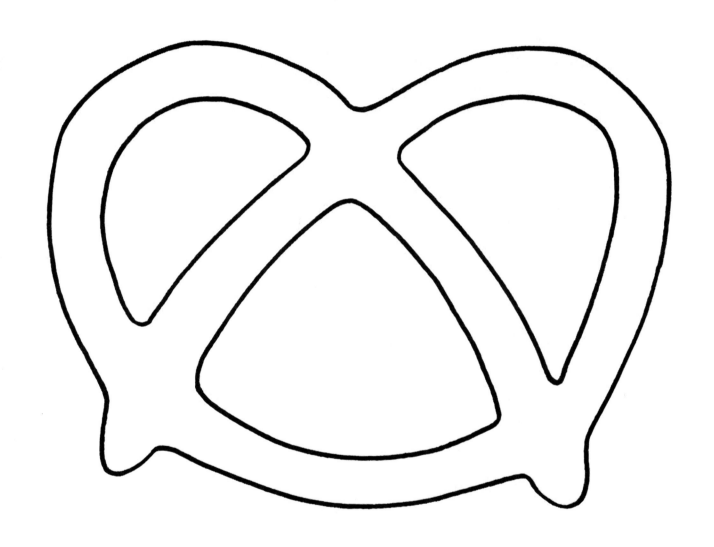

pretzel

pretzel

strawberry | fresa

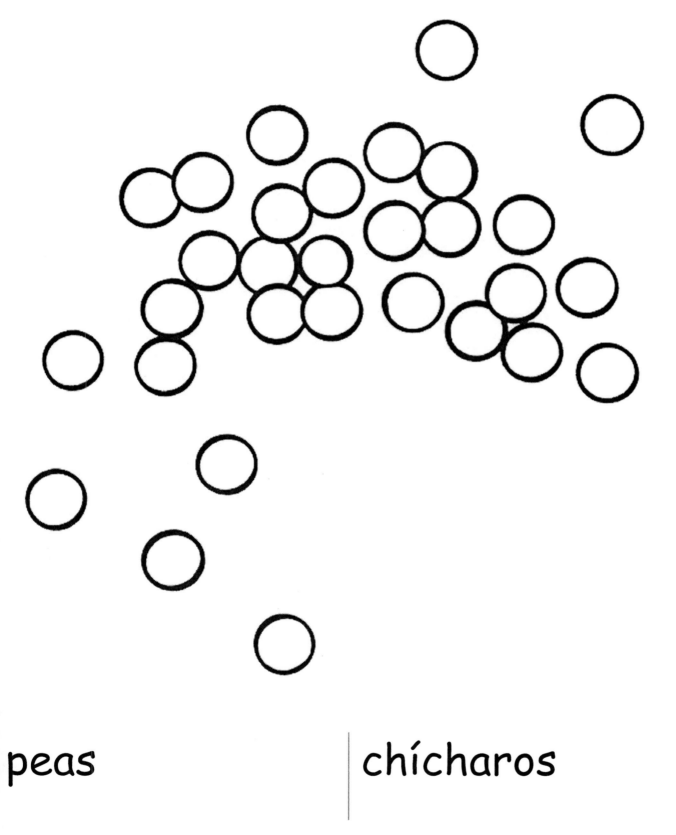

peas | chícharos

Let's Eat | Comamos

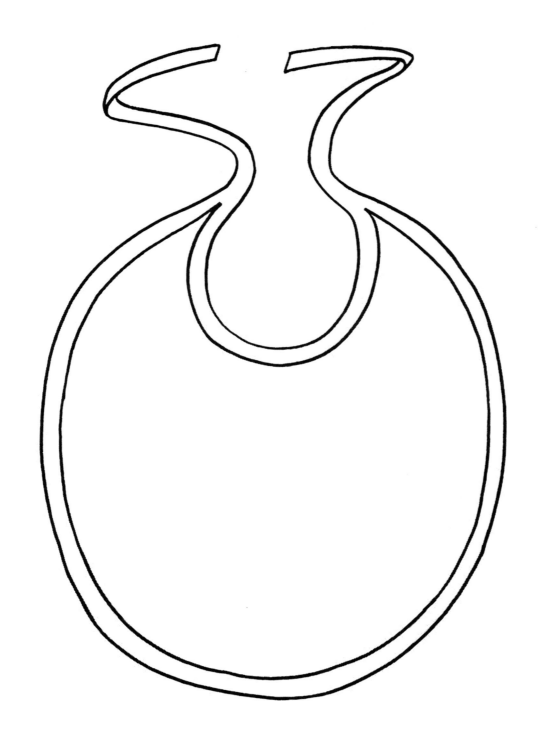

bib

babero

cup

taza

spoon | cuchara

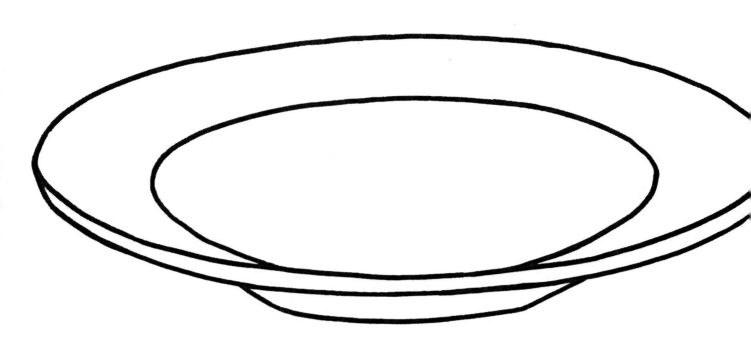

plate

All gone!

plato

¡Se acabó!

Where Is Your Bellybutton?

This activity requires you to construct a large figure by combining the patterns on the following two pages. When presenting, point to the part of the body on the figure, name it, and ask the children to show you where it is on their bodies: "Here's the head. Where is your head?" Do the same for hair, eyes, nose, mouth, neck, arms, hands, fingers, bellybutton, legs, knees, feet, and toes.

¿Dónde está tu ombligo?

Esta actividad requiere que hagas una figura grande juntando los patrones de las siguientes dos páginas. Cuando hagas la presentación, señala la parte del cuerpo en la figura, nómbrala, y pídele a los niños que señalen las partes correspondientes en sus cuerpos: "Aquí esta la cabeza. ¿Dónde está tú cabeza?" Haz lo mismo señalando el pelo, los ojos, la nariz, boca, cuello, brazos, manos, dedos, ombligo, piernas, rodillas, pies, y dedos del pie.

Let's Play | Juguemos

jack-in-the-box | caja sorpresa

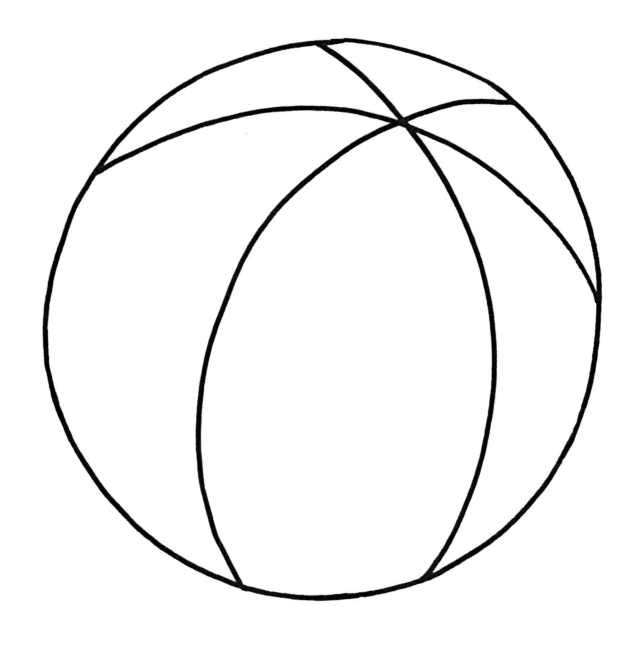

ball | pelota

bunny | conejito

camión

truck

keys | llaves

boat | barco

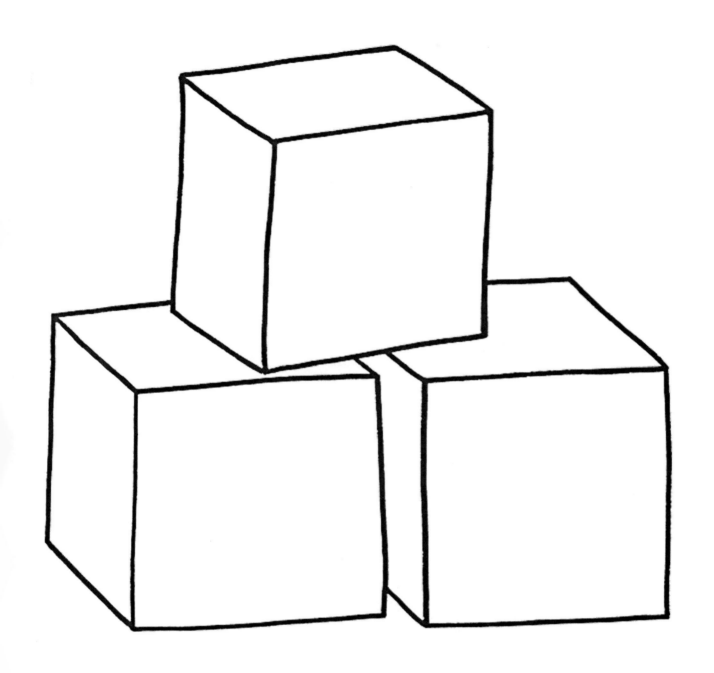

blocks | cubos

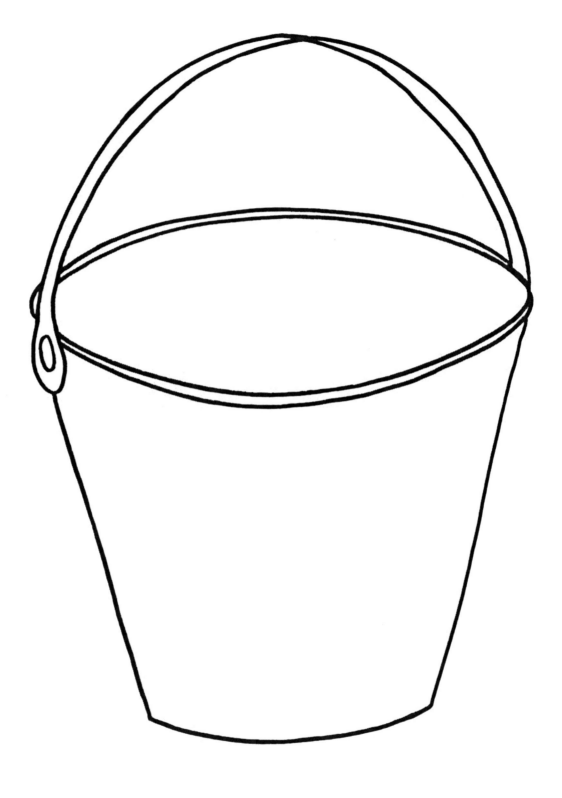

pail | balde

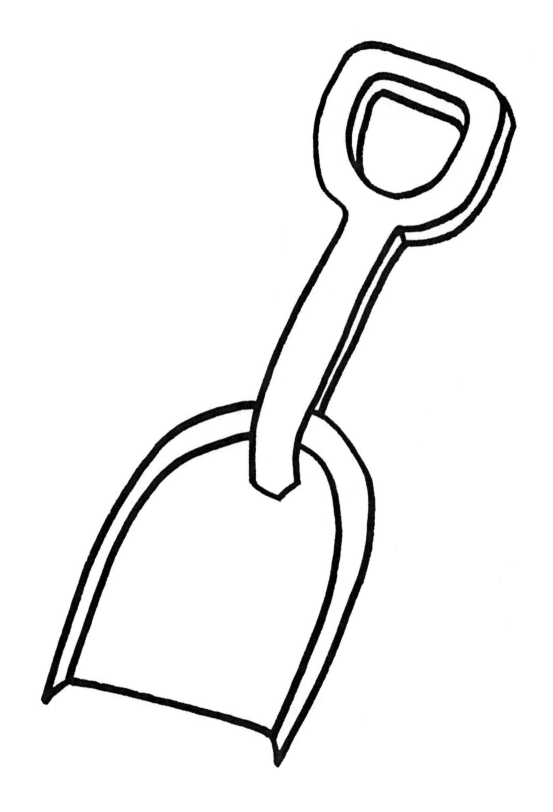

shovel | pala

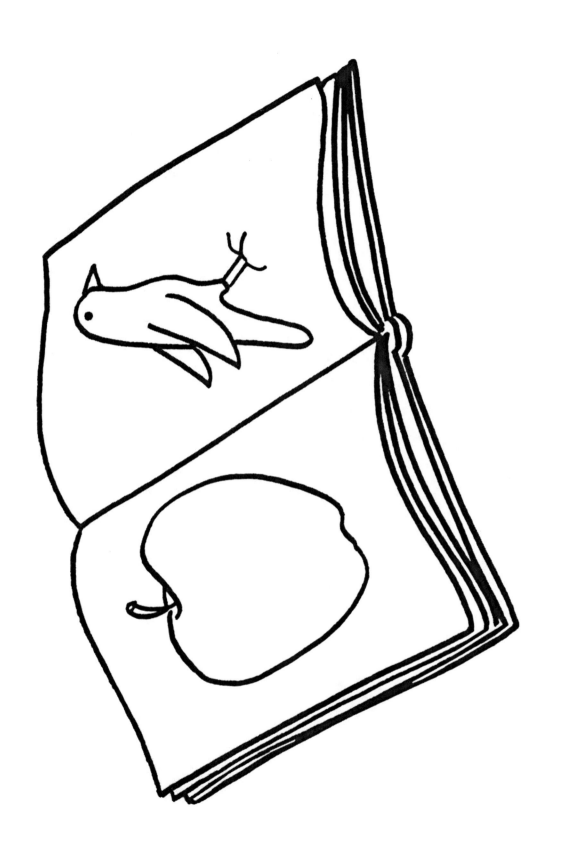

book

libro

telephone | teléfono

pato

duck

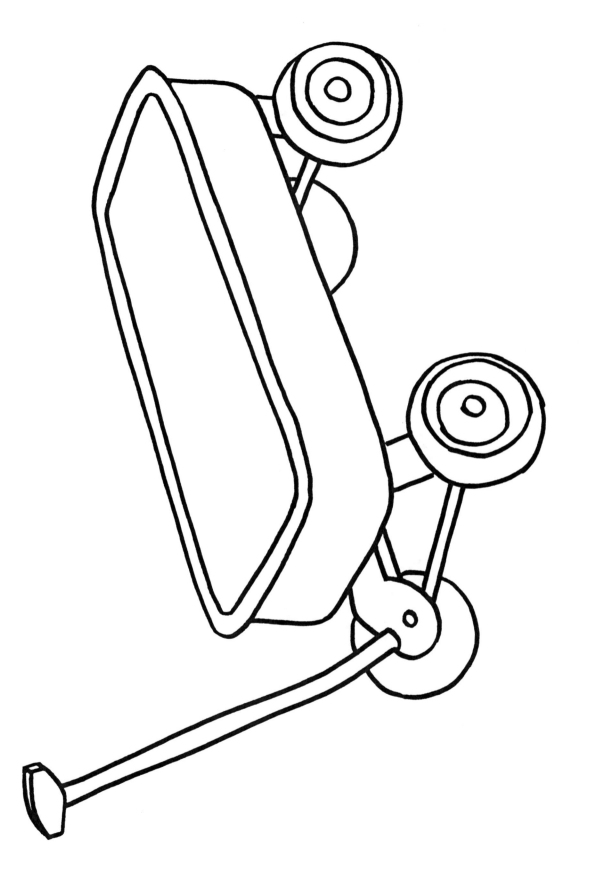

waggon

carretilla

91

teddy bear | oso de peluche

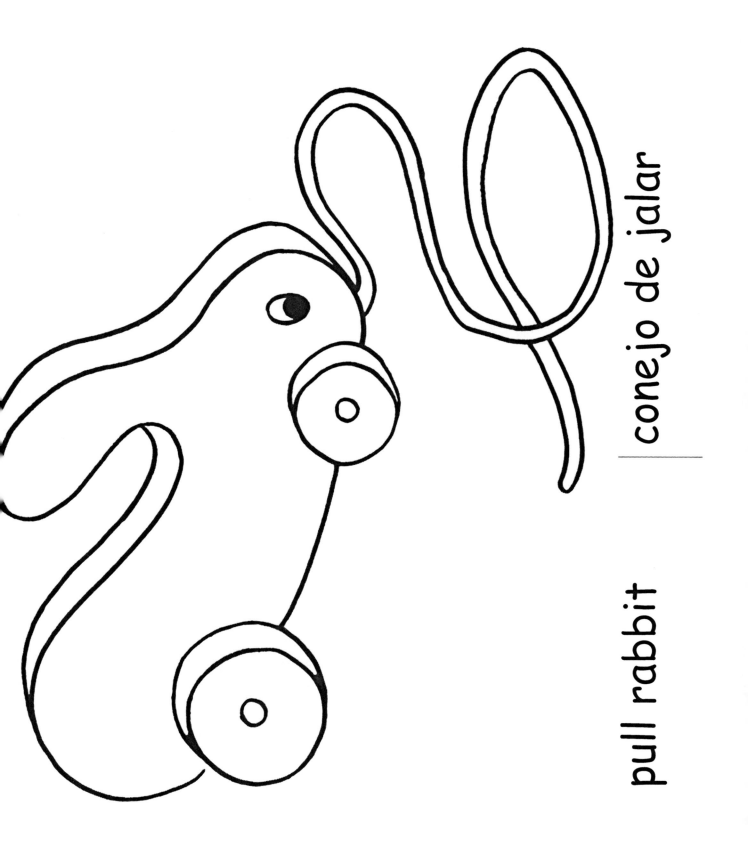

pull rabbit

conejo de jalar

stacking rings

pila de neumáticos

Let's play   ¡Juguemos!

What do You See Outside?

¿Qué ves afuera?

frog

rana

bee | abeja

ant | hormiga

ladybug | mariquita

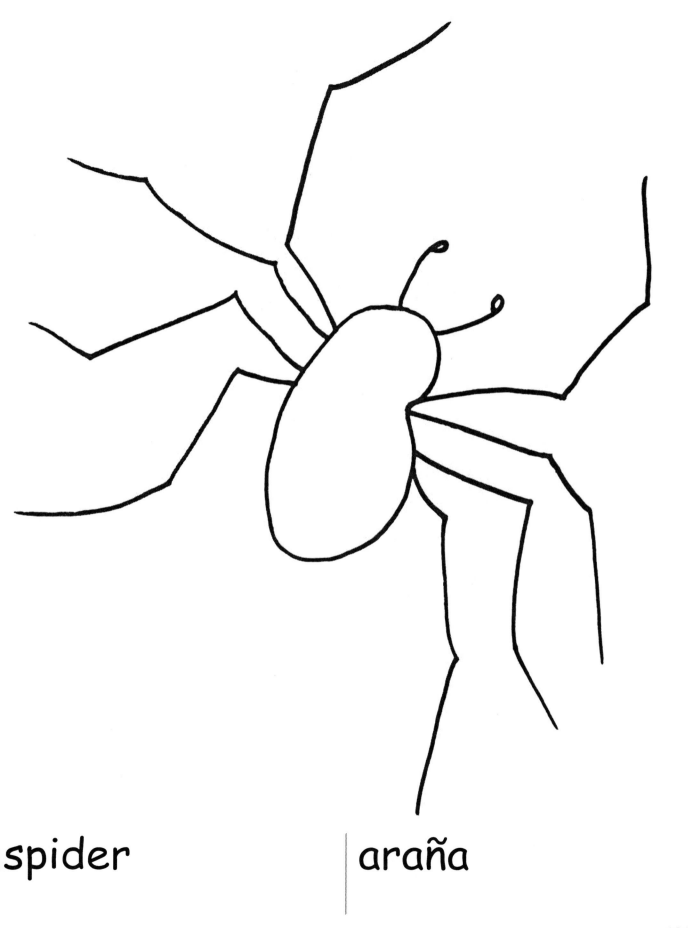

spider | araña

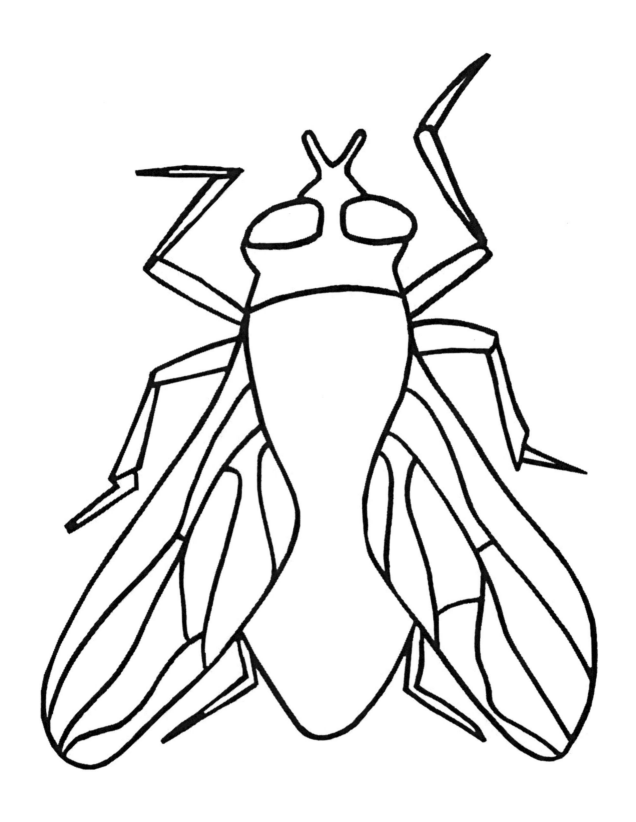

fly | mosca

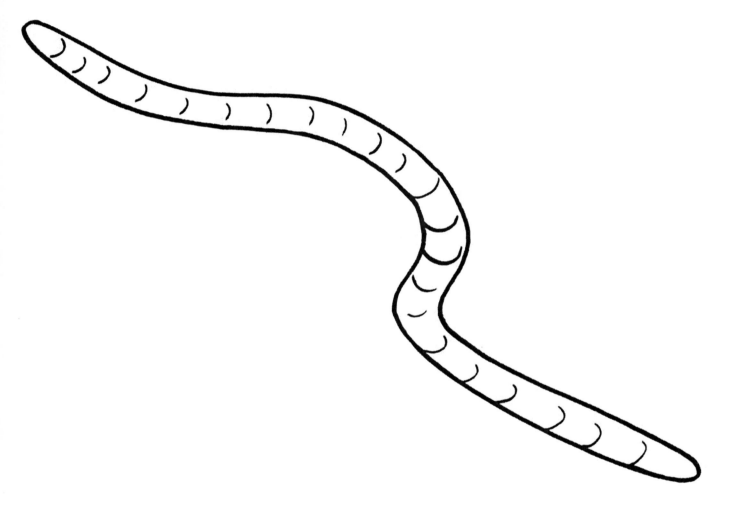

worm

gusano

The Sipping Cup

La taza para sorber

I shake it, | La agito,

Drip it, | al chorrito,

And push
it on the
floor,

Y al tirarla al
suelo le digo,
"Vas."

I sip and sip
and sip it,

Le tomo, tomo
un poquito,

And then I say, "More." | Y después digo, "Más."

The Ball | La pelota

I walk to the middle of the room,

Camino al centro del cuarto,

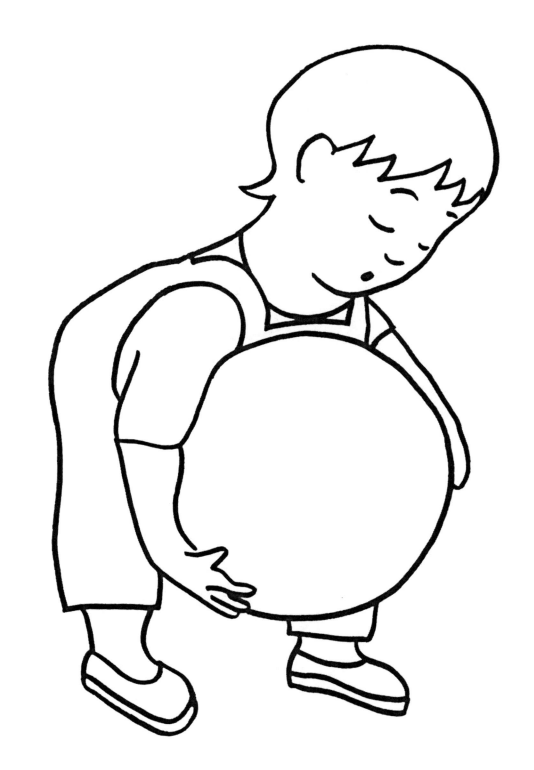

And I pick up my ball.

Y recojo mi pelota.

I put my feet apart firmly, so I do not fall.

Planto los pies y no alborota.

I roll the ball through, using both my hands. | Usando mis manos hago rodar la pelota.

Then turn and run fast to where it lands.

Corro rápido para ver donde bota.

My legs are like a tunnel when I play this game.

Mis piernas son como un túnel cuando juego este juego.

The ball going through the tunnel is a lot like a train.

La pelota pasa como un tren y la sigo luego.

The Game | El juego

I will run,
run, run away
from you.

Me voy a
escapar, escapar,
escapar de tí.

Chase me,
Mommy,
chase me do!

¡Sígueme, mami,
sígueme a mí!

I am laughing, laughing as I run from you.

Me estoy riendo, riendo mientras me escapo de tí.

Catch me,
Mommy,

Agárrame,
mami.

Catch me do! | ¡Agárrame a mí!

Pulling and Pushing | Jalando y empujando

When I was little,
I liked to pull my
wagon,

Cuando era pe-
queñito, me gustaba
jalar mi carretilla,

my wooden toy,

mi juguete de madera,

even an old
shopping bag.

hasta una bolsa
vieja.

Now I like to push. I push my popper,

Ahora empujo mi "popper,"

my shopping cart,

mi carrito de compras,

and my mop
across
the floor.

y mi trapeador
por el piso.

I like to push
and steer.
Soon I'll be
able to drive!

Empujar y
conducir.
¡Pronto podre
manejar!

How Things Move

Como se mueven las cosas

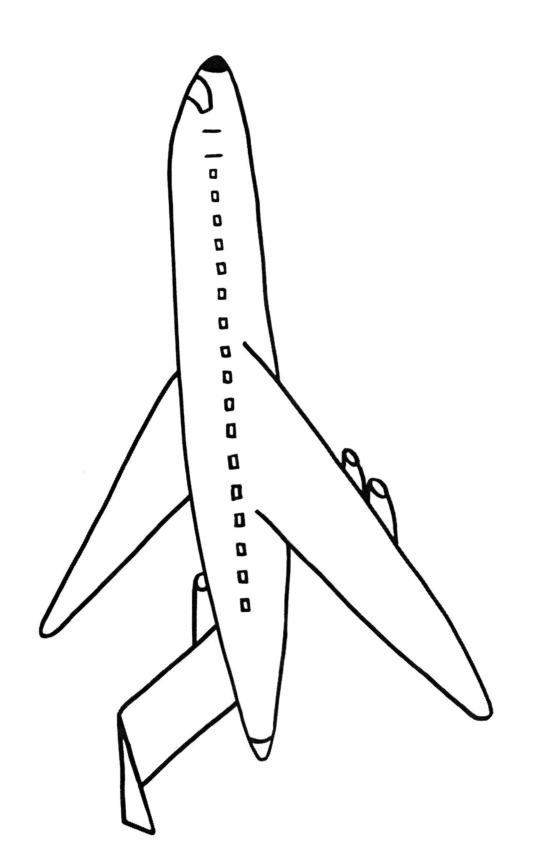

A plane flies in the air. | El avión vuela en el aire.

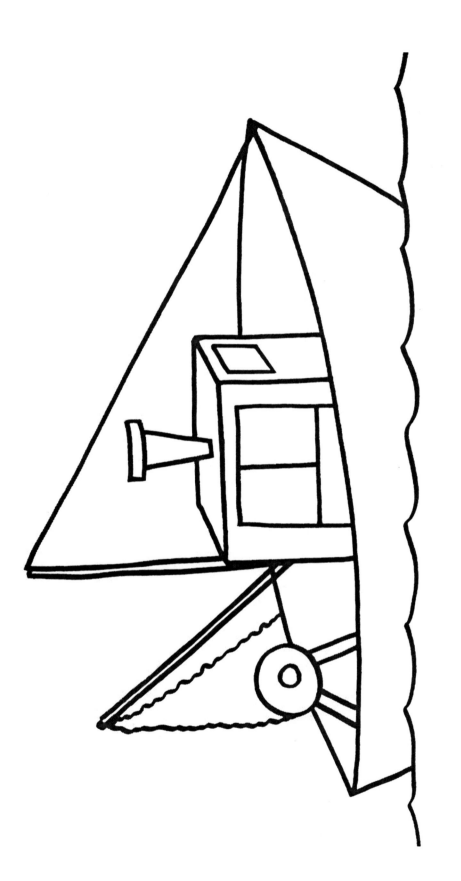

Un barco flota
en el agua.

A boat floats
on the water.

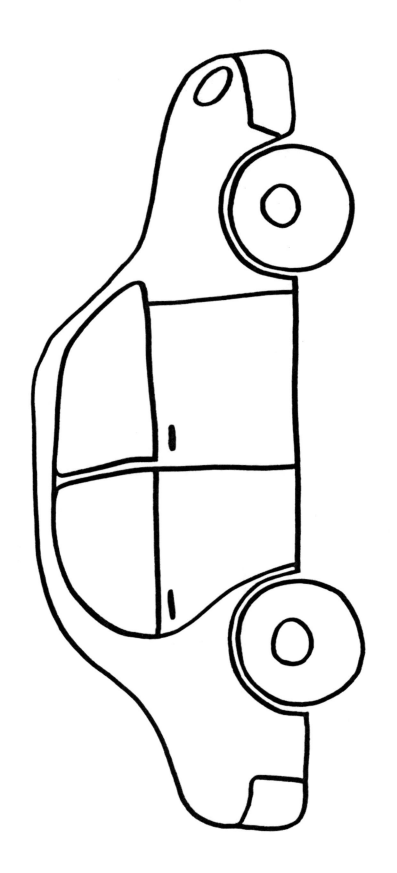

A car rides on the road.

Un carro va por la carretera.

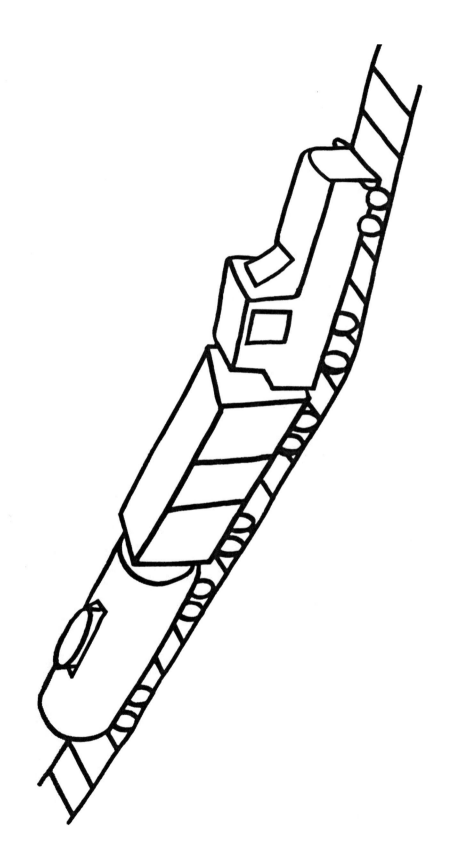

A train runs on the tracks.

El tren corre en los rieles.

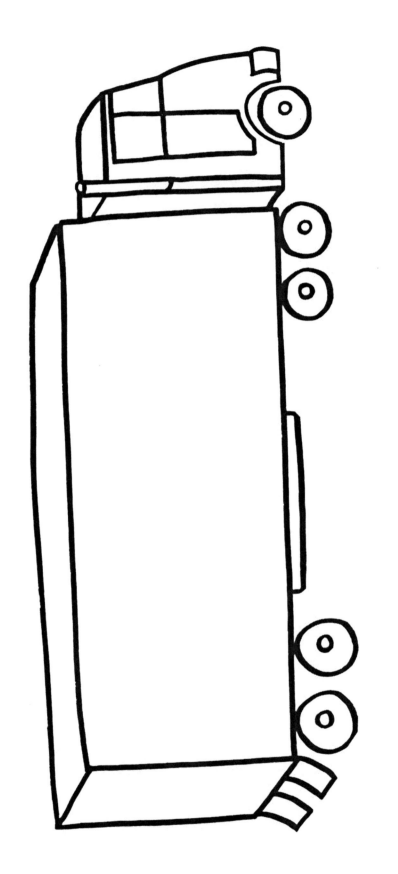

A truck travels on the highway.

Un camión viaja por la autopista.

My dog and I walk on the ground.

Mi perro y yo caminamos.

Flannelboard Patterns
— Traditional Chants and Nursery Rhymes

Patrones para el franelógrafo
— Canciones y rimas tradicionales

Five Little Monkeys | Cinco monitos

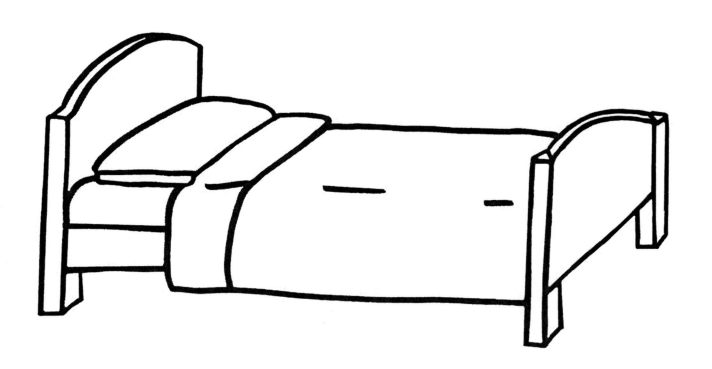

Deja la cama en el franelógrafo
mientras pones los monitos
arriba de la cama.

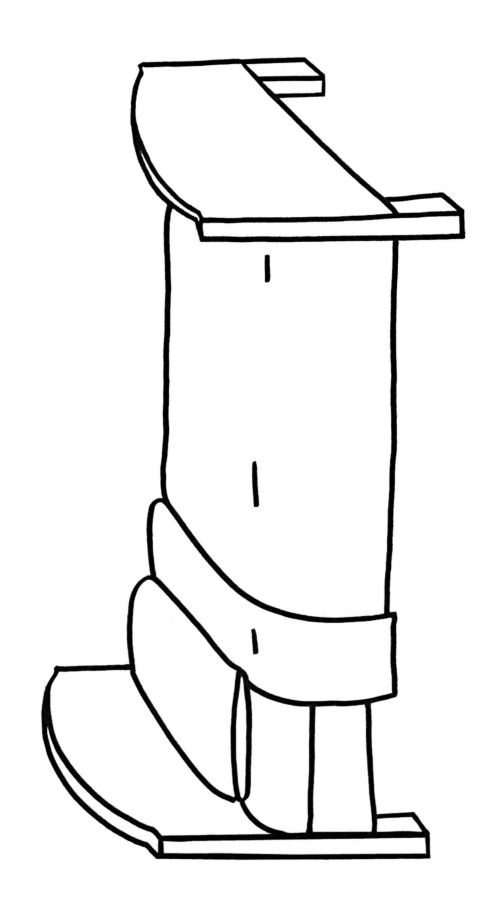

Keep the bed on the
flannelboard while you
place the monkeys above
the bed.

Five little monkeys | Cinco monitos

Repite este refrán con cuatro,
tres, dos, y un monito.

Brincando en la cama,
uno se calló
y gritó, "¡Mamá!"
Mamá llamó al doctor
y el doctor dijo:
"¡No más monitos
brincando en la
cama!"

Repeat this refrain with four,
three, two, and one monkey.

Jumping on the bed,
One fell off
And bumped his head.
Mama called the
doctor
And the doctor said:
"No more monkeys
jumping on the bed!"

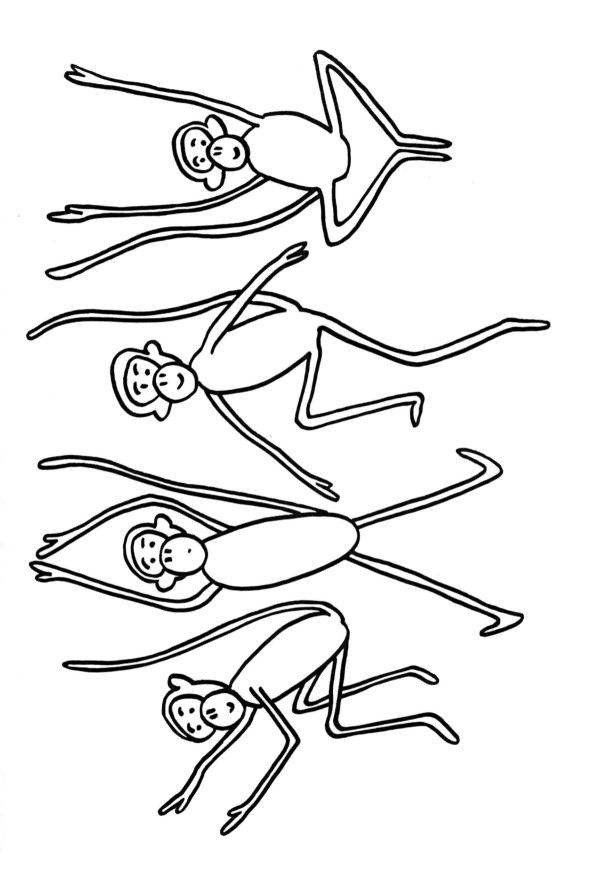

Four little monkeys | Cuatro monitos

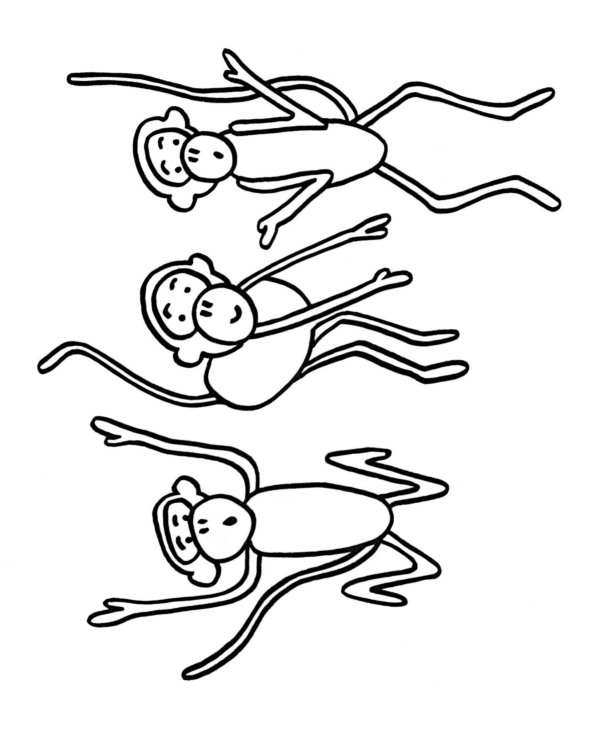

Three little monkeys | Tres monitos

Two little monkeys | Dos monitos

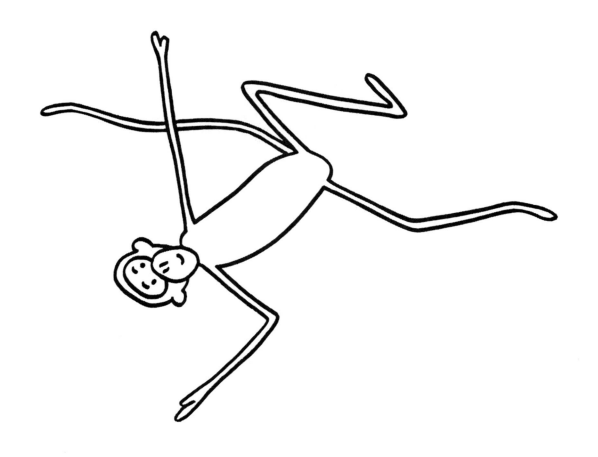

One little monkey | Un monito

Las ruedas del camión rodando van, rodando van, rodando van, rodando van.

The wheels on the bus go round and round, round and round, round and round. round.

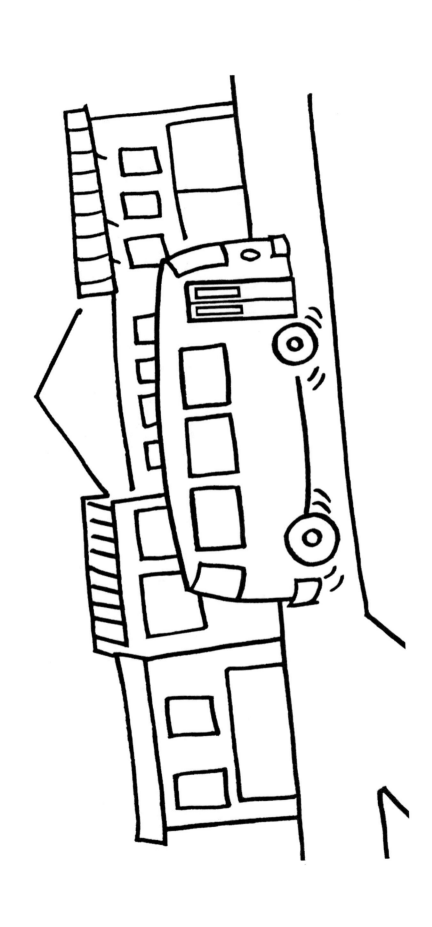

The wheels of the
bus go round and
round,
All through the town.

Las ruedas del
camión rodando
van,
por toda la cuidad.

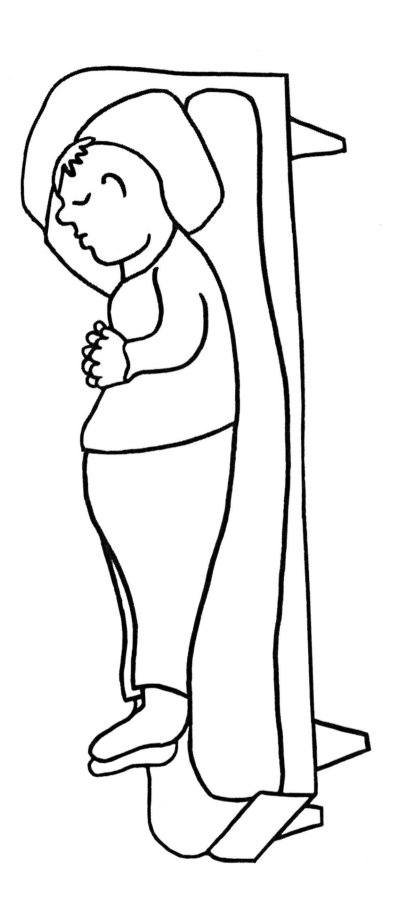

Are you sleeping,
are you sleeping,
Brother John,
Brother John?

Fray Santiago, Fray
Santiago,
¿Duerme usted?
¿Duerme usted?

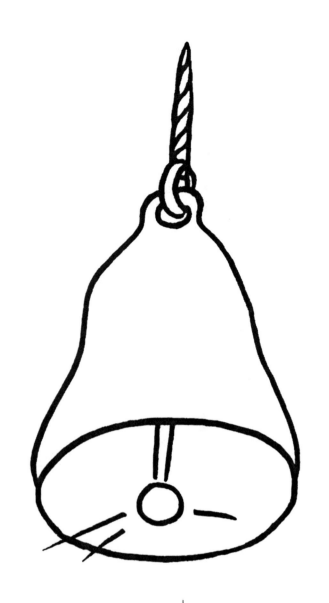

Morning bells are ringing,	Suenan las campanas,
Morning bells are ringing,	suenan las campanas,
Ding, ding, dong,	din, din, don,
Ding, ding, dong.	din, din, don.

Cinco patitos

Five Little
Ducks

Pon esta figura al lado derecho de tu pizarra y déjala allí durante todo el poema. Pon las piezas con los patitos al lado izquierdo de la pizarra.

Place this figure on the right side of your board and leave it there during the entire poem. Place the pieces with the ducklings on the left side of the board.

Esta es mamá pata.

This is Mother duck.

Cinco patitos salieron
   a nadar,
y al lago fueron a
   pasear.
La mamá pata dijo,
   "Cua, cua, cua, cua" . . .

Five little ducks went
   out one day,
Over the pond and
   far away.
Mother duck said,
"Quack, quack, quack,
   quack" . . .

157

Four little ducks
came paddling
back.

Solo cuatro patitos
respondieron,
"Cua, cua, cua."

Repeat the initial verse with four, three, two, one, and no little ducks coming back.

Repitir el verso original con cuatro, tres, dos, uno y ningún patito respondiendo.

Three little ducks
came paddling back.

Tres patitos
respondieron, "Cua,
cua, cua."

Two little ducks
came paddling back.

Dos patitos
responderon,
"Cua, cua, cua."

One little duck
came paddling back.

Un patito
respondió, "Cua,
cua, cua."

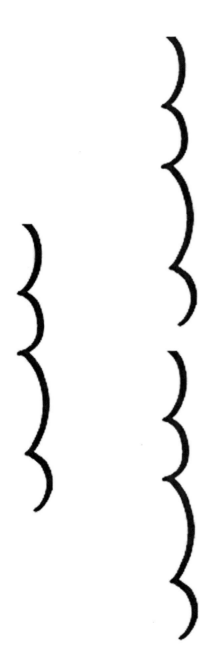

Ningún patito
respondió, "Cua,
cua, cua."

Entonces mamá
pata gritó, "CUA,
CUA, CUA."

No little ducks
came paddling
back.

Then, Mother duck
shouted, "QUACK,
QUACK, QUACK,"

Five little ducks
came paddling back.

Cinco patitos regre-
saron respondiendo,
"Cua, cua, cua."

I scream, you scream.

Yo grito, tú gritas.

We all scream for ice cream. | Todos gritamos por un helado.

Two little
  blackbirds
  sitting on
  a hill,
One named
  Jack and one
  named Jill.

Dos pajaritos
  sentados en
  una lomita,
uno es Juanito
  y la otra es
  Juanita.

Fly away Jack. | Vuela Juanito.

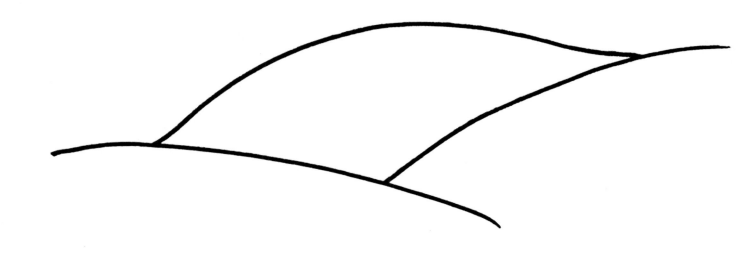

Fly away Jill. | Vuela Juanita.

Come back
Jack.

Regresa
Juanito.

Come back Jill. | Regresa Juanita.

Two little
  blackbirds,
Sitting on a hill,
One named
  Jack,
And the other
  named Jill.

Dos pajaritos,
sentados en una
  lomita,
uno es Juanito,
y la otra es
  Juanita.

Bow wow wow,
Whose dog art
  thou?
Little Tom
  Tinker's dog,
Bow wow wow.

Guau guau guau,
¿Eres el perro
  de Esaú?
No, soy el perro
  de Tomasito,
guau guau guau.

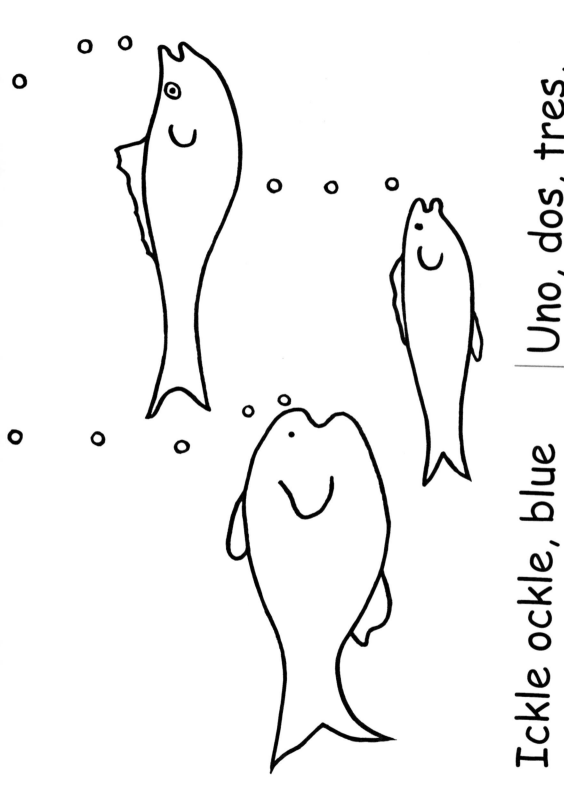

Ickle ockle, blue bockle,
Fishes in the sea.

Uno, dos, tres,
peces en el mar.

If you want
a fun baby,
please choose
me.

Si quieres
  disfrutar,
por favor
  escógeme
  para jugar.

Jack be nimble, Jack be quick,
Jack jump over the
 candlestick.

Juan es ágil
como un hulero
cuando salta
 sobre
el candelero.

Where oh where
has my little
dog gone?
Where oh where
can he be?
With his tail so
short and his
ears so long,
Where oh where
can he be?

¿A dónde se fué
mi perrito?
¿O dónde dónde
estará?
Con su colita
cortita y
sus orejas
largotas,
¿O dónde dónde
estará?

Applety Pie

Pastelito de manzana

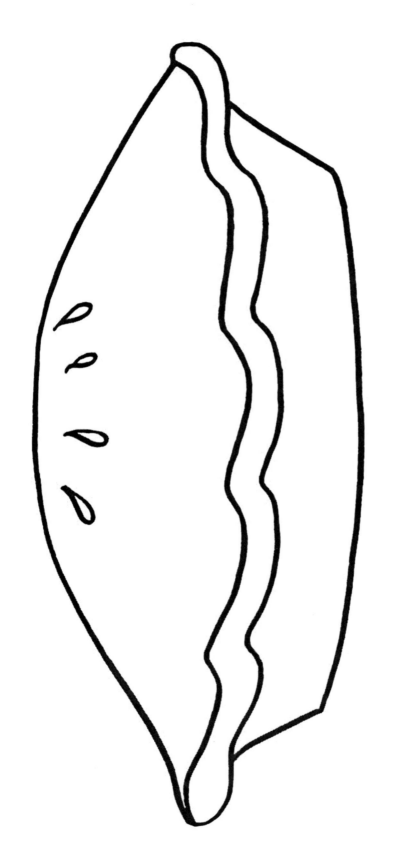

Round about,
round about,
Applety pie,

A la redonda,
a la redonda,
pastelito de
manzana,

178

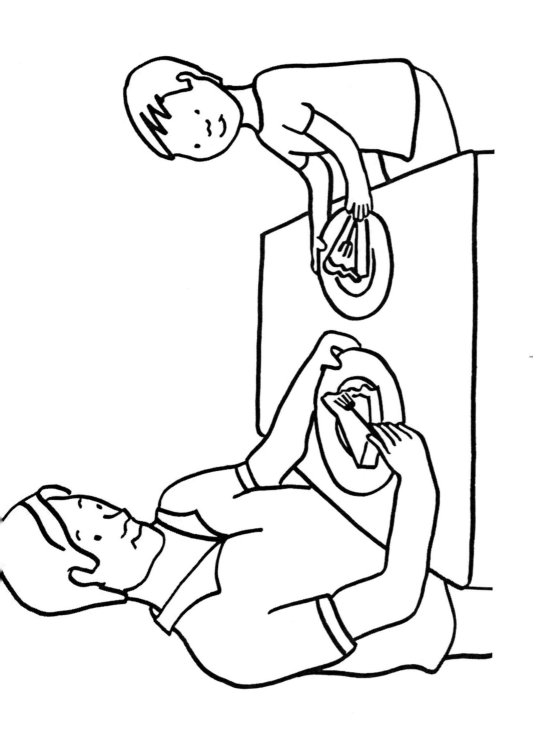

My father loves pie
and so do I.

A mi papi le encantan
los pasteles y a mi
también.

179

Pat-a-cake,
pat-a-cake,
Baker's man,

Panadero,
panadero,
por favor,
por favor,

Bake me a cake as fast as you can.

Pat it and prick it, and mark it with a B.

hazme un pastel de lo mejor.

Horneálo y decóralo con una B.

Put it in the oven for Baby and me.

para mi y para mi bebé.

Here am I,
Little
Jumping
Joan.
When
nobody's
with me,
I'm all
alone.

Aquí estoy
saltando yo,
la pequeñita Juanita.
Cuando nadie está
conmigo,
me siento muy solita.

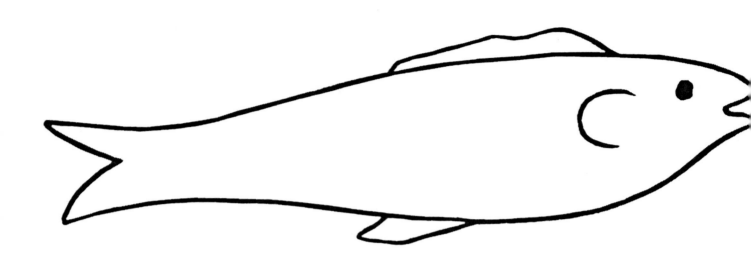

One, two, three, four, five,	Uno, dos, tres, cuatro, cinco,
Once I caught a fish alive.	una vez un pez pesqué de un brinco.
Six, seven, eight, nine, ten,	Seis, siete, ocho, nueve, diez,
Then I let it go again.	lo moví con mis pies.
Why did you let it go?	¿Por qué lo movió?

Because it bit my
   finger so.
Which finger did
   it bite?
This little finger
   on the right.

Por que el dedo
   me mordió.
¿Cuál dedo te
   mordió?
Este dedito y
   casi se lo
   comió.

This little pig
went to market.

Este cochinito
fué al mercado.

This little pig
stayed home.

Este cochinito
en casa se
quedó.

This little pig
had bread
and jam.

Este cochinito
comió pan con
jalea.

This little pig
had none.

Este cochinito
no tenía nada.

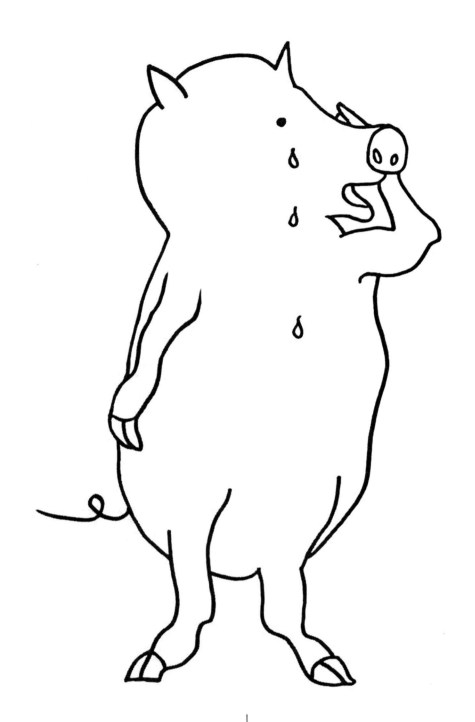

And this little pig cried wee-wee-wee all the way home.

Y este cochinito lloró bú, bú, bú por todo el camino a casa.

Ring around
  the roses,
A pocketful of
posies,

A la rueda,
  rueda de
  pan y canela,
dame un
  poquito y
  vete a la
  escuela.

Ashes, ashes,
We all fall
  down.
Boom!

Si no quieres ir,
échate a dormir.
Para usted, para
  usted,
sentadita me
  quedé.
¡Pun!

INDEX

INDICE

Ann D. Carlson conducted her first toddler storytime more than twenty-five years ago as a children's librarian at the Orlando Public Library. Since then, her interests have centered on literature and library programs in early childhood. She is the author of *Early Childhood Literature Sharing Programs in Libraries* (Shoe String Press, 1985) and *The Preschooler and the Library* (Scarecrow Press, 1991). For seventeen years she taught library services for children, children's literature, and early childhood development as a professor at Dominican University in River Forest, Illinois. Currently she is the English and Fine Arts Librarian at Oak Park and River Forest High School. She conducts infant and toddler storytimes at the school's day care center for the young children of teachers, students, and community.

Mary Carlson has been an artist making sculpture for the past thirty years. Her work has been exhibited in numerous one-person and group shows in this country and in Europe. She has been the recipient of National Endowment for the Arts and John Simon Guggenheim fellowships. Currently she teaches at Pratt Institute in Brooklyn. This is the only book she has illustrated. She lives in Brooklyn most of the time.

Bibliotecas para la Gente (BPLG) is the Northern California chapter of REFORMA: The Association to Promote Library and Information Services to Latinos and the Spanish Speaking, an affiliate of ALA. BPLG was formed in 1975 to be a support group and information exchange for public librarians who were serving Spanish-speaking communities, but who were faced with limited resources and guidelines. The membership has broadened to include all those involved or interested in Spanish-language library services. Meeting bimonthly, the group hosts guest speakers involved in services to Hispanics, publishes materials, sponsors workshops at library conferences, mentors new people into the profession, and continues to be a support network for its members.

Isabel Delgadillo-Romo, a graduate of the University of California, Berkeley, is a Branch Manager in the San Francisco Public Library System. During her tenure as a children's librarian at the Mission Branch, she implemented a very successful Spanish storytime. She is a native Nicaraguan and is married with three children.

Maria Kramer is a Division Manager for the Redwood City Public Library, where she is responsible for all library operations including oversight of Public Services and other senior administrative roles. Maria has an extensive experience working with diverse communities. She has worked at San Jose Public Library, San Mateo Public Library, and Redwood City Public Library implementing innovative programs and services for their socioeconomically and culturally diverse communities. She is a member of REFORMA and her local REFORMA chapter, Bibliotecas para la Gente. She is bilingual, fluent in English and Spanish with a bicultural background. She earned her MLS from UCLA in 1984.

Ana-Elba Pavon is the Children's Services Manager at the San Francisco Public Library's Mission Branch, which contains the city's largest Spanish collection and hosts weekly Spanish and bilingual storytimes. She is active in REFORMA and her local chapter, Bibliotecas para la Gente. She earned her MLIS from the University of California, Berkeley, in 1992.